NOTAS PASTORALES

NOTAS PASTORALES

Una guía esencial para el estudio de las escrituras.

Romanos

¡Español!

Nashville, Tennessee

Notas Pastorales, *Romanos*
© Copyright 1999
Broadman & Holman Publishers
Todos los derechos reservados.
Impreso en los Estados Unidos de América
ISBN # 0–8054–9359–X

Versión Reina-Valera, revisión de 1960
Texto bíblico © Copyright 1960,
Sociedades Bíblicas en América Latina.
Publicado por Broadman & Holman Publishers,
Nashville, Tennessee 37234

1 2 3 4 5   03 02 01 00 99

CONTENIDO

PROLOGO

Estimado lector:

Notas Pastorales están diseñadas para proporcionarle, paso a paso, un vistazo panorámico de todos los libros de la Biblia. No pretende sustituir al texto bíblico; más bien, son guías de estudio cuya intención es ayudarle a explorar la sabiduría de las Escrituras en un estudio personal o en grupo y a aplicar con éxito esa sabiduría a su propia vida.

Notas Pastorales le guían a través de los temas principales de cada libro de la Biblia y aclaran detalles fascinantes por medio de comentarios y notas de referencias apropiados. La información de los antecedentes históricos y culturales dan un enfoque especial al contenido bíblico.

A lo largo de la serie se han usado seis diferentes iconos para llamar la atención a la información histórica y cultural, referencias al Antiguo y Nuevo Testamentos, imágenes verbales, resúmenes de unidades y aplicaciones personales para la vida cotidiana.

Ya sea que esté dando usted los primeros pasos en el estudio de la Biblia o que sea un veterano, creo que encontrará en *Notas Pastorales* un recurso que lo llevará a un nuevo nivel en su descubrimiento y aplicación de las riquezas de las Escrituras.

Fraternalmente en Cristo,

David R. Shepherd
Director Editorial

DISEÑADO PARA EL LECTOR OCUPADO

Notas Pastorales sobre Romanos están diseñadas para proporcionarle una herramienta fácil de usar a fin de poder captar las características importantes de este libro y para lograr una buena comprensión del mensaje de esta gran epístola. La información que aparece en obras de referencia más difíciles de usar ha sido incorporada en el formato de *Notas Pastorales*. Esto le brinda los beneficios de obras más avanzadas y extensas concentrados en un tomo pequeño.

Notas Pastorales es para laicos, pastores, maestros, líderes y participantes de pequeños grupos, al igual que para el alumno en el salón de clase. Enriquezca su estudio personal o su tiempo de quietud. Acorte el tiempo de preparación para su clase o pequeño grupo al ir captando valiosas percepciones de las verdades de la Palabra de Dios que puede transmitir a sus alumnos o miembros de su grupo.

DISEÑADO PARA SER DE FACIL ACCESO

Las personas con tiempo limitado apreciarán especialmente las ayudas que ahorran tiempo, incorporadas en *Notas Pastorales*. Todas tienen la intención de lograr un encuentro rápido y conciso con el corazón del mensaje de estos libros.

Comentario conciso. Romanos está llena de enseñanza doctrical y ética. Las breves secciones proporcionan "fotos" instantáneas de las enseñanzas y de los argumentos del autor, recalcando puntos importantes y otra información.

Texto bosquejado. Un bosquejo extenso abarca el texto completo de Romanos. Esta es una valiosa ayuda para poder seguir la fluidez de la narración, dando una manera rápida y fácil de localizar algún pasaje en particular.

Notas Pastorales. Son declaraciones resumidas que aparecen al final de cada sección clave del texto bíblico. Aunque sirven en parte como un rápido resumen, también brindan la esencia del mensaje presentado en las secciones que cubren.

Iconos. Varios iconos en el margen recalcan temas recurrentes en Romanos y ayudan en la búsqueda o ubicación de esos temas.

Acotaciones al margen y cuadros. Estas ayudas, seleccionadas especialmente, brindan información adicional de trasfondo a su estudio o preparación. Contienen definiciones tanto como observaciones culturales, históricas y bíblicas.

Mapas. Se encuentran en los lugares apropiados en el libro para ayudarle a comprender y estudiar determinados textos o pasajes.

Preguntas para guiar su estudio. Estas preguntas que motivan a pensar y que sirven para comenzar un diálogo, están diseñadas para estimular la interacción con las verdades y los principios de la Palabra de Dios.

DISEÑADO PARA AYUDARLE A USTED

Estudio personal. Usar *Notas Pastorales* junto con un pasaje bíblico puede arrojar luz sobre su estudio y llevarlo a un nuevo nivel. Tiene a la mano información que le requeriría buscar en varios tomos para encontrarla. Además, se incluyen muchos puntos de aplicación a lo largo del libro, lo que contribuye a su crecimiento personal.

Para enseñar. Los bosquejos enmarcan el texto de Romanos y proporcionan una presentación lógica del mensaje. Los pensamientos "en cápsulas" redactados como *Notas Pastorales* brindan declaraciones resumidas para presentar la esencia de puntos y acontecimientos clave. Los iconos que simbolizan aplicación destacan la aplicación personal del mensaje de Romanos. Los iconos que apuntan al contexto histórico y al contexto cultural indican dónde aparece la información de trasfondo.

Estudio en grupo. Notas Pastorales puede ser un excelente tomo complementario para usar a fin de obtener una comprensión rápida y precisa del mensaje de un libro de la Biblia. Cada miembro del grupo se beneficiará al tener su propio ejemplar. El formato de *Notas* facilita el estudio y la ubicación de los temas a lo largo de Romanos. Los líderes pueden usar sus características flexibles para preparar las sesiones del grupo o para usarla en el desarrollo de las mismas. Las preguntas para guiar su estudio pueden generar el diálogo de los puntos y verdades clave del mensaje de Romanos.

LISTA DE ICONOS QUE SE USAN EN ROMANOS

Notas Pastorales. Aparece al final de cada sección, es una declaración "en cápsula" que provee al lector la esencia del mensaje de esa sección.

Referencia al Antiguo Testamento. Se usa cuando el escritor hace referencia a pasajes del Antiguo Testamento que se relacionan con el pasaje o que inciden sobre la comprensión o interpretación del mismo.

Referencia al Nuevo Testamento. Se usa cuando el escritor hace referencia a pasajes del Nuevo Testamento que se relacionan con el pasaje o que inciden sobre la comprensión o interpretación del mismo.

Antecedente histórico. Se usa para indicar una información histórica, cultural, geográfica o biográfica que arroja luz sobre la comprensión o interpretación de un pasaje.

Aplicación personal. Usado cuando el texto brinda una aplicación personal o universal de una verdad.

Imagen verbal. Indica que el significado de una palabra o frase específica es ilustrada a fin de arrojar luz sobre ella.

- - - - - - - - - - - - - - - - -

Desde cualquier punto de comparación, la carta de Pablo a la iglesia de Roma es una de las más importantes que jamás se hayan escrito. Sin duda, desde un punto de vista cristiano, muchos la clasificarían como la epístola más grande de todos los tiempos.

Algunas consideraciones apoyan esta alta estima. Ciertamente, Romanos tiene por autor a uno de los más dedicados de todos los hombres, el apóstol Pablo. Nadie en la iglesia primitiva ni después le ha superado en amor por Jesucristo, el Hijo de Dios. Además, su mensaje es el más grande de todos los temas: la gracia de Dios. Ninguno de los escritores del Nuevo Testamento experimentó esa gracia de forma más dramática ni la proclamó con mayor fidelidad que Pablo.

No es extraño, pues, que a través de la historia cristiana Romanos haya jugado un papel importante en tiempos de gran renovación espiritual. Una y otra vez, Dios ha hablado a hombres y mujeres a nivel de su necesidad más profunda por medio de este mensaje.

"Romanos en resumen"

Propósito	Manifestar la naturaleza del evangelio, su relación con el Antiguo Testamento y la ley judía, y su poder transformador.
Doctrina principal	Salvación.
Pasaje clave	Romanos 3:21–26.
Otras doctrinas clave	Dios, la humanidad y la iglesia.
Influencia de la carta	Martín Lutero (1515), mientras preparaba clases sobre Romanos, sintió que había "nacido de nuevo".

El estilo y lenguaje de Romanos están de acuerdo con los de Gálatas y de 1 y 2 Corintios, las otras cartas sin lugar a dudas del apóstol.

AUTOR

Como era la práctica común en la escritura de cartas antiguas, Romanos se inicia con una declaración de la identidad del autor. La carta dice que fue escrita por "Pablo, siervo de Jesucristo, llamado a ser apóstol, apartado para el evangelio de Dios" (1:1). Hoy es raro que se ponga en duda que el Pablo que escribió fuera el apóstol del mismo nombre cuya conversión a Cristo se registra en Hechos 9 y cuyas actividades misioneras dominan la segunda mitad de dicho libro.

DESTINATARIOS

En el primer capítulo Pabló indicó que estaba escribiendo su carta a los creyentes "en Roma" (1:7). ¿Cuál era la composición de la congregación de Roma? ¿Eran principalmente creyentes judíos o gentiles? Mientras algunos pasajes sugieren que los lectores de Pablo eran principalmente judíos, otros parecen requerir la conclusión de que eran principalmente gentiles conversos.

PROPOSITO AL ESCRIBIR

Pablo escribió Romanos con un propósito triple:

1. Estaba buscando apoyo para su proyectado viaje a España (15:24, 28).
2. Deseaba explicar su teología a los romanos y aplicarla a las cosas prácticas de la vida diaria.
3. Quería exhortar a los romanos a una unidad mayor (14:1–15:13)

FECHA DE ESCRITURA

Romanos fue escrita al parecer entre 54 y 58 d. de J.C. La evidencia indica que Félix llegó a ser procurador de Judea en el 59 d. de J.C., en cuyo tiempo Pablo estaba bajo custodia en Cesarea

(Hch. 23:33–27:2). Dando tiempo para el viaje de Corinto a Jerusalén y posteriores actividades de Pablo antes de su comparecencia ante Festo, una fecha alrededor del 56 d. de J.C. es la más probable para la composición de Romanos.

TEMAS PRINCIPALES DE ROMANOS

Revelación natural. En Romanos 1:20 Pablo presenta dos de las "cosas invisibles" de Dios que todos ven con claridad: Su "eterno poder y deidad". Con esto Pablo quería decir que la manifestación de la creación lleva a una persona de forma persuasiva a la conclusión de que el Creador es un ser poderoso y que su poder es ilimitado. Diseño requiere inteligencia, e inteligencia requiere personalidad. Es Dios.

La ira de Dios. Pablo establece con claridad la responsabilidad de todas las personas en todo lugar de reconocer la existencia y el carácter básico de Dios. No hay excusa para los rebeldes que dan la espalda a la luz de la revelación.

La justicia de Dios. Desde el alba de la historia las personas se han esforzado para merecer la aceptación de Dios. Pero la justificación no se puede conseguir por obras meritorias. La justificación es un don de Dios a quienes viven por fe.

Génesis 15:6 declara que Abraham "*creyó a Jehová, y le fue contado por justicia.*"

Abraham, un hombre de fe. Abraham fue un patriarca fiel y un ejemplo de fe y obediencia. Dado que la justificación depende de la fe, Abraham es el padre de todos los que creen, sean judíos o gentiles.

Los beneficios de creer. En los capítulos 12–15, Pablo explica la relación entre teología y conducta. Empieza por señalar los beneficios que acumulan los que creen. Estos incluyen paz, acceso a Dios y esperanza.

¿Promueve el pecado la salvación por fe? El argumento del capítulo 6 está estructurado alrededor de dos objeciones básicas que planteará con toda seguridad el oponente a la doctrina de la justificación por fe. Las objeciones tienen el propósito de señalar las implicaciones inaceptables que han de seguir (desde el punto de vista del oponente) a la idea de que una persona puede ser considerada justa sobre la base de la fe sola. Pablo contesta enfáticamente, y las objeciones de los detractores se vienen abajo.

Captar la enseñanza de Pablo en cuanto al Espíritu es aprender el secreto de cómo vivir de forma victoriosa mientras se está rodeado de pecado y debilitado por la fragilidad humana. Esta es la lección más importante que un cristiano puede aprender.

Vida en el Espíritu. La palabra griega para "espíritu" aparece veintiuna veces en el capítulo 8. El interés de Pablo en este capítulo era mostrar cómo va a obrar el Espíritu en la vida del creyente.

El triunfo de creer. Evidentemente, vivir como cristiano en un mundo dominado y controlado por el pecado implica inevitablemente sufrimiento. No obstante, no estamos solos en nuestras pruebas. Romanos 8:26–30 señala dos fuentes principales de ayuda: (1) La oración intercesora del Espíritu Santo; y (2) el ser conscientes de que "a los que aman a Dios, todas las cosas les ayudan a bien".

¿Qué hay de los judíos? La insistencia de Israel en buscar la rectitud por las obras llevó al rechazo de todos a excepción de un remanente. Al volverse a los gentiles Dios no sólo cumplió las promesas del Antiguo Testamento, sino que también proporcionó la motivación para el retorno de Israel. Ellos responderán finalmente en fe y serán salvos.

Cristianismo práctico. Con el capítulo 12, Pablo dirige su atención a los intereses prácticos de la vida diaria. La obediencia esperada no es lo que debemos hacer para ser justificados, sino lo que deseamos hacer porque somos justificados.

Los deberes del amor. En el capítulo 13 Pablo aconseja a sus lectores : "Desechemos, pues, las obras de las tinieblas" (una forma de amarse a uno mismo) y "vestíos del Señor Jesucristo" (que dará por resultado un auténtico amor por otros). Los "deberes del amor" serán cumplidos cuando nos identifiquemos con él, a fin de que él que es amor puro pueda expresar este amor de forma práctica.

SIGNIFICADO TEOLOGICO DE ROMANOS

El mensaje de Pablo a los romanos significa que la iglesia debe proclamar que Dios es el dador de la salvación —el don de la justificación— y este don es para todos los que lo reciben por fe. La iglesia no debe llamar a una fe que puede ser separada de la fidelidad. La seguridad no debe estar basada en decisión humana sino en la obra de expiación y justificación de Jesucristo.

La justificación en Cristo del creyente significa que nuestra aceptación y aprecio ante Dios no pueden ser ganados sino sólo recibidos. Cuando nos sentimos deprimidos, desanimados o derrotados, debemos acordarnos de que Dios se ha reconciliado con nosotros, nos ha aceptado y dado valor y significado a sus ojos a causa de la obra de expiación de Jesucristo.

Cuando se producen divisiones en la iglesia, debemos volvernos a la exhortación de Pablo de amor mutuo, interés y servicio recíprocos. Nadie tiene un valor superior en el cuerpo de Cristo debido a valores inherentes, herencia, logros personales, ni educación. No hay lugar para la vanagloria o la pretensión de privilegios especiales. Todas las naciones están invitadas a venir a Cristo, en quien no hay condenación.

Cuando estemos acosados por todas partes, se nos recuerda que Dios está por nosotros y nada nos puede separar del amor de Cristo (8:31–39).

EL MENSAJE DE ROMANOS PARA HOY

Romanos establece un fundamento sólido para el entendimiento de la justificación por la fe. La fe como confianza absoluta en Jesucristo y su obra redentora, se presenta con claridad. Por medio de sus argumentos y enseñanzas Pablo revela mucho sobre el carácter y corazón de Dios. Desde el capítulo 12 en adelante, Pablo trató de asuntos de cristianismo práctico y de cómo se debe vivir la vida en el Espíritu en nuestra experiencia diaria. Pablo nos muestra dónde se encuentran la teología y la conducta para producir una vida llena del Espíritu.

PREGUNTAS PARA GUIAR SU ESTUDIO

1. ¿Cuál era el propósito de Pablo al escribir su carta a los creyentes de Roma?

2. ¿Quiénes eran los lectores de Romanos? ¿Cuál era la composición de la congregación de Roma?

3. ¿Qué doctrinas básicas enfatiza Pablo en su carta?

4. Dados los distintos temas de que trata Romanos, ¿qué podríamos aprender de un estudio de esta carta?

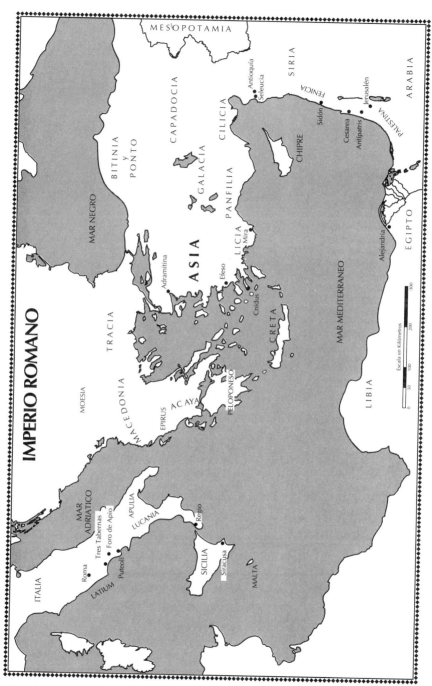

Tomado de Robert H. Mounce, *Romans,* [Romanos], vol. 27, New American Commentary [Nuevo Comentario Americano] (Nashville, Tennessee: Broadman & Holman Publishers, 1994), pág. 20.

Listas de Pablo de los dones espirituales

Don espiritual	Ro. 12:6–8	1 Co. 12:8–10	1 Co. 12:28	1 Co. 12:29, 30	Ef. 4:11
Apóstol			1	1	1
Profeta	1	5	2	2	2
Maestro	3		3	3	5
Pastor					4
Milagros		4	4	4	
Discernimiento de espíritus		6			
Palabra de sabiduría, conocimiento		1			
Evangelista					3
Exhortación		4			
Fe		2			
Sanidades		3	5	5	
Lenguas		7	8	6	
Interpretación		8		7	
Ministerio/ servicio	2				
Administración			7		
Presidir	6				
Ayudar			6		
Misericordia	7				
Repartir	5				

La vida y ministerio de Pablo

SUCESOS MAS IMPORTANTES	PASAJES EN LA BIBLIA		POSIBLES FECHAS
	Hechos	**Gálatas**	
Nacimiento			Año 1 d. J.C.
Conversión	9:1–25	1:11–17	Año 33
Primera visita a Jerusalén	9:26–30	1:18–20	Año 36
Hambruna	11:25–30	2:1–10?	Año 46
Primer viaje misionero	13:1–14:28		Años 47–48
Concilio apostólico en Jerusalén	15:1–29	2:1–10?	Año 49
Segundo viaje misionero	15:36–18:21		
Carta a los Gálatas			Años 53–55
Tercer viaje misionero	18:23–21:6		Años 53–57
Carta a los Corintios			Año 55
Arresto y prisión en Jerusalén y Cesarea	21:8–26:32		Año 57
Prisión en Roma	27:1–28:30		Años 60–62
Carta a los Efesios			Años 60–62
Muerte			Año 67

ROMANOS 1

SALUTACION (1:1–7)

Cuando escribimos una carta ponemos la dirección del destinatario al principio y nuestro nombre al final. En tiempos de Pablo se hacía de forma diferente. El que escribía ponía su nombre primero, a continuación el nombre del destinatario y añadía también un saludo. Es más, en nuestras cartas nos contentamos con poner los detalles más escuetos sobre nosotros mismos y nuestros lectores. Nuestro saludo puede limitarse a "Querido Juan" o "Queridos amigos". El escritor antiguo de cartas se extendía en las referencias sobre sí mismo y sus lectores, y en sus saludos para realizar el propósito de su escrito.

Autor (v. 1)

Romanos se inicia con una declaración identificadora de su autor. Hoy raramente se cuestiona el hecho de que el Pablo que escribió la carta a los Romanos sea el apóstol cuya conversión a Cristo se relata en Hechos 9 y cuyas actividades misioneras dominan la segunda mitad de dicho libro.

Pablo se identificó a sí mismo de tres formas diferentes:

1. Era un "siervo de Jesucristo". Pertenecía sin reservas a aquel que se le enfrentó en el camino de Damasco.
2. Fue "llamado a ser apóstol". Dios inició este proceso. Pablo no eligió el papel por sí mismo.
3. Había sido "apartado". Fue apartado por Dios para servir a los intereses del evangelio de Dios.

10

Propósito de Pablo al escribir (vv. 2–6)

Probar su autoridad apostólica. En el versículo 1 Pablo se presenta a sí mismo como "Pablo, siervo de Jesucristo, llamado a ser apóstol, apartado para el evangelio de Dios". ¡Qué notable autopresentación! Anteriormente el celo de Pablo por la tradición ancestral le había proporcionado honores y ascenso dentro de la escala del judaísmo (Gá. 1:1–14). Pero ahora se describe como esclavo de Cristo.

Verificar su mensaje apostólico. Pablo declara que Dios había prometido anteriormente este evangelio "por sus profetas en las santas Escrituras". En armonía con otros cristianos primitivos, Pablo veía en el evangelio el cumplimiento de las promesas de Dios en el Antiguo Testamento. En los versículos 3 y 4 él centra el evangelio en Jesucristo, el Hijo de Dios. Pablo hace dos afirmaciones respecto a Jesús: (1) Respecto a su existencia humana o encarnación, era descendiente de David. (2) Respecto a su estado presente o exaltación, Jesucristo nuestro Señor fue declarado "Hijo de Dios... por la resurrección de entre los muertos".

La carta helenista

Generalmente las epístolas de Pablo parecen seguir el patrón normal de la carta helenista, cuya forma básica consta de cinco secciones principales:
1. Apertura (remitente, destinatario, saludo)
2. Acción de gracias o bendición (frecuentemente con una oración de intercesión, buenos deseos o saludos personales).
3. El grueso de la carta (incluyendo citas de fuentes clásicas y argumentos)
4. *Parénesis* (instrucción ética, exhortación).
5. Cierre (mención de planes personales, amigos mutuos, bendición).

Lectores (v. 7a)

Pablo dirigió su carta a los creyentes cristianos de la ciudad de Roma. Los describe como "amados" de Dios y "llamados" a ser santos.

"Gracia y paz" (v. 7b)

La salutación "gracia y paz" componen una forma cristianizada de los saludos hebreo y griego. La paz auténtica viene sólo como resultado de la gracia de Dios. *Gracia* es lo que recibimos; *paz* es lo que experimentamos como resultado de las actividades de Dios a nuestro favor.

Algunos pasajes del Nuevo Testamento dan testimonio de la descendencia davídica de Jesús (Mt. 1:1; Lc. 1:31–33; Hch. 2:29, 30; Ap. 5:5).

DESEO DE PABLO DE VISITAR ROMA (1:8–15)

Siguiendo el modelo de las cartas antiguas, Pablo continuó sus observaciones iniciales con expresiones de acción de gracias y oración a favor de sus lectores.

La esencia de su oración está contenida en los versículos 10–15. Durante largo tiempo Pablo había deseado visitar Roma, pero siempre había ocurrido algo que le impidió hacerlo. Sus razones para desear visitar a los creyentes en la capital eran dobles: (1) quería compartir algunas bendiciones espirituales que les fortalecerían; y (2) deseaba participar en la cosecha del evangelio en Roma, al igual que en cualquier otro lugar entre los gentiles.

- *Pablo anhelaba ver a los creyentes de Roma.*
- *El compromiso con un Señor común atrae y*
- *une a las personas. Ser siervos del mismo*
- *señor es estar en armonía unos con otros. El*
- *interés especial de Pablo era poder compartir*
- *con ellos algún beneficio espiritual que les*
- *animara y fortaleciera.*

JUSTICIA PROCEDENTE DE DIOS (1:16, 17)

Estos son versículos vitales en el Nuevo Testamento. Declaran en forma concisa y con extraordinaria claridad un principio fundamental de la fe cristiana. El corazón del versículo 16 es que el evangelio es el poder salvador de Dios.

En sus observaciones iniciales Pablo introdujo dos aspectos importantes del evangelio y a continuación añadió un tercero. Encontramos estos aspectos del evangelio descritos en Romanos 1:

1. Es el cumplimiento de las promesas de Dios (v. 2).
2. Está centrado en la persona de Jesucristo (vv. 3, 4).
3. Es el "poder de Dios para salvación a todo aquel que cree" (v. 16).

¿Qué puede realizar el evangelio? El evangelio no es simplemente una exhibición de poder, sino la obra efectiva del poder de Dios que conduce a la salvación. Tiene propósito y dirección. La salvación de la que hablaba Pablo es más que el perdón de los pecados. Incluye todo el espectro de la liberación de los resultados del pecado de Adán.

El poder del evangelio

ASPECTO DE LA SALVACION	SU OBRA EN LA VIDA DEL CREYENTE	AMBITO DE LIBERACION
Justificación	Poner en orden con Dios	Liberación del castigo por el pecado
Santificación	Crecimiento en santidad	Liberación del poder del pecado
Glorificación	Transformación final a semejanza de Cristo	Liberación de la presencia del pecado

■ *Los versículos 16 y 17 son centrales en el*
■ *Nuevo Testamento. Declaran de forma con-*
■ *cisa y con claridad extraordinaria un prin-*
■ *cipio fundamental de la fe cristiana: El*
■ *evangelio es el poder salvador de Dios*

Pablo halló su concepto básico de justificación por fe en Hab. 2:4: "El justo por su fe vivirá." El profeta usó el término *fe* en el sentido de fidelidad y firmeza. Los justos serán preservados en tiempos de dificultad por su firme lealtad a Dios.

LOS GENTILES (1:18–32)

Revelación de Dios en su ira (v. 18)

Pablo señala a continuación la revelación de la
ira de Dios en su juicio del pecado (v. 18). Romanos 1:19–3:20 nos proporciona un comentario sobre este versículo.

La revelación de la justicia de Dios en el evangelio y la revelación de su ira son paralelos y con-
tinuos. Esto es, la justicia de Dios se revela en
todo tiempo mediante la predicación del evangelio de salvación. Asimismo, la ira de Dios se
está revelando siempre mediante su abandono
del hombre a las consecuencias de sus decisiones pecaminosas (v. 18).

Revelación de Dios por medio de la naturaleza (vv. 19, 20)

El mundo pagano tenía la oportunidad de conocer a Dios mediante su revelación en la naturaleza (v. 20). Este versículo no sólo afirma la
manifestación de Dios en la naturaleza, sino
que, además, indica lo que se puede aprender
sobre él —su poder y deidad eternos— y este
conocimiento era un conocimiento de Dios su-
ficiente para hacer al hombre responsable de re-
conocerle y darle gracias.

Podemos hacer tres observaciones sobre este
pasaje (vv. 19, 20):

1. Dios es el que se revela, y la naturaleza es
   el medio de su revelación.
2. La revelación de Dios en la naturaleza no
   garantiza una respuesta positiva.
3. La revelación de Dios en la naturaleza establece una base mínima de responsabilidad de toda persona ante él.

La vieja pregunta sobre la salvación de los "per-
didos" está contestada con claridad en el

versículo 20. La revelación de Dios en la naturaleza está lo suficientemente clara para dejar a todos los hombres sin excusa por su rebelión contra Dios.

■ *Pablo señaló la revelación de la ira de Dios en*
■ *su juicio del pecado y la revelación que Dios*
■ *hace de sí mismo en la naturaleza. La ira de*
■ *Dios se revela por medio de su abandono de las*
■ *personas a las consecuencias de sus decisiones*
■ *pecaminosas. La revelación de Dios en la na-*
■ *turaleza establece la base mínima de respon-*
■ *sabilidad de toda persona ante él.*

RESPUESTA PAGANA (1:21–23, 25)

Rebeldía (vv. 21, 25, 28)

Las personas pueden responder a la revelación de Dios de dos maneras: en fe o con rebeldía. Tienen la capacidad de decir sí o no a Dios y mantenerlo. "No" es la respuesta de la rebeldía, mientras la fe es la respuesta de la confianza y el compromiso. La autodeificación está en el corazón de toda rebeldía humana.

Orgullo (vv. 21, 22)

Al rechazar el conocimiento de Dios disponible en la creación, las personas pretenden ser más sabias que Dios. Cuando una persona se niega a aceptar a Dios como soberano está destinada a tener algo menos que a Dios como su dios.

Idolatría (vv. 23, 25)

Como la rebeldía es una actitud incorrecta hacia Dios, y el orgullo es una actitud incorrecta hacia uno mismo, así la idolatría revela una actitud incorrecta hacia la creación. Cuando una persona se niega a reconocer a Dios como Soberano

Ira de Dios

"Ira" viene de una palabra que significa "verter, hinchar" A. T. Robertson.
Millard Erickson dice: "Ira no es algo que Dios elige sentir. Su condena del pecado no es una cuestión arbitraria, porque su misma naturaleza es de santidad; rechaza automáticamente el pecado. El es... 'alérgico al pecado', por así decirlo. Lo segundo es que debemos evitar pensar en la ira de Dios como excesivamente emocional. No es como si estuviera furioso, con su temperamento virtualmente fuera de control. El es capaz de ejercitar la paciencia y la tolerancia, y lo hace."

Señor es inevitable la idolatría. Lleva a una trágica inversión del orden original establecido en Génesis 1:26.

EL JUICIO DE DIOS (1:24–32)

Por impureza (vv. 24, 25)

Las personas son libres de recibir o rechazar la revelación de Dios; pero no son libres de hacerlo sin consecuencias. El versículo 24 habla de "las concupiscencias de sus corazones". La Biblia es clara en cuanto a que el corazón humano está inclinado al mal. Aquellos que rechazaron a Dios quedaron necios y sus corazones fueron entenebrecidos. El versículo 24 nos dice que Dios los entregó a sus deseos pecaminosos, lo que indica el versículo 24 es la impureza sexual.

Por perversión sexual (vv. 26, 27)

Pablo describió esta impureza sexual como "cometiendo hechos vergonzosos hombres con hombres". Romanos 1:26, 27 contiene la enseñanza más clara del Nuevo Testamento sobre la homosexualidad.

1. La homosexualidad es entregarse a "pasiones vergonzosas" (v. 26).
2. La homosexualidad es "contra naturaleza" (v. 26).
3. La homosexualidad incluye "hechos vergonzosos" (v. 27).
4. La homosexualidad es perversión sexual, y produce la destrucción de los que la practican (v. 27).

Por una mente reprobada (vv. 28–32)

Por tercera vez en cinco versículos, Pablo escribió que cuando las personas no tienen en cuenta la revelación de Dios en la naturaleza, las entrega a las consecuencias normales que

La homosexualidad "no puede considerarse como un estilo de vida alternativo aceptable en alguna manera para Dios", sino más bien como "signo de una de las formas que toma la ira de Dios cuando nos permite continuar con nuestro abuso de la creación y en nuestro abuso mutuo como criaturas".
P. Achtemeier.

siguen. En el versículo 28 Pablo declaró que Dios los entregó a una "mente reprobada".

Dar la espalda a la luz de la revelación impide a una persona pensar correctamente en los asuntos de la vida. La voluntad de Dios y sus caminos con los hombres son factores cruciales para el entendimiento del mundo moral en que vivimos. La educación secular que gobierna fuera de la mano de Dios en la historia, está gravemente resquebrajada porque intenta entender el mundo en su totalidad sin reconocer su origen. Esta es una omisión de enormes consecuencias.

Pablo procedió a definir el estilo de vida de los gentiles que rechazaban a Dios poniendo en lista veintiuna cualidades negativas (vv. 29–32) de aquellos abandonados a su propia naturaleza pecaminosa.

"Reprobada"

"La palabra *reprobada* es una palabra compuesta que combina una partícula negativa (que significa 'no') con la palabra 'aprobada'. Se aplicaba con frecuencia a metales." W. E. Vine. En este contexto contiene la idea de "no resistir la prueba" o "no aprobar el examen". Se traduce con frecuencia "reprobada." Una mente "depravada" o "reprobada" es una mente que Dios no puede aprobar, y ha de ser rechazada por él.

■ *La revelación de la ira de Dios es tan autén-*
■ *tica como la revelación de su justicia. Los*
■ *hombres no pueden rechazar a Dios y cons-*
■ *truir una sociedad sobre un fundamento sóli-*
■ *do. Toda utopía emprendida por hombres*
■ *que rechazan a Dios está condenada a ha-*
■ *cerse pedazos bajo el peso de su corrupción*
■ *moral. Dejadas de Dios, todas esas empresas*
■ *están destinadas a la autodestrucción.*

PREGUNTAS PARA GUIAR SU ESTUDIO

1. En su salutación, ¿cómo se identificó Pablo?

2. Describe la ira de Dios. ¿Cómo se diferencia la ira de Dios de la ira humana?

3. Describe las diferentes respuestas paganas a Dios. ¿Cuál es el juicio de Dios para cada una?

4. ¿Cuál es la posición de la Biblia en cuanto a la homosexualidad?

5. ¿Qué significa para una persona tener una "mente reprobada"?

ROMANOS 2

El capítulo 2 empieza: "Por lo cual", una expresión que normalmente introduce el resultado de lo que precede inmediatamente. En este caso, sin embargo, la conexión con el capítulo 1 no está clara. La sección final de dicho capítulo establece la necesidad de justicia entre los gentiles, pero para cuando llegamos a 2:17, es obvio que Pablo se está dirigiendo a judíos.

EL JUSTO JUICIO DE DIOS (2:1–16)

Primero, los judíos aprueban el juicio de Dios sobre el mundo pagano. A diferencia de los gentiles descritos en Ro. 1:32, no aplauden a los que practican los vicios paganos. Por el contrario, los condenan. Al hacerlo revelan un conocimiento de Dios, un sentido de pecado y reconocen el derecho de Dios a juzgar el pecado.

¿No prueba la aprobación del juicio de Dios sobre el pecado de los paganos que los judíos estaban en una relación correcta con Dios? Debería ser así. Pero, ¿qué si aquellos que aprueban el juicio de Dios sobre otros fueran ellos mismos culpables de los mismos pecados? ¿Deberían suponer que ellos escaparían al juicio de Dios?

Aprobación sin obediencia (vv. 1–11)

¡No! Pablo acusó a los judíos de que al juzgar a los gentiles se condenaban a sí mismos, porque estaban haciendo las mismas cosas. Esperar que Dios perdone en ellos los pecados que castiga en otros es atraer al juicio de Dios; es tratar con

"Pero sed hacedores de la palabra, y no tan solamente oidores, engañándoos a vosotros mismos. Porque si alguno es oidor de la palabra pero no hacedor de ella, este es semejante al hombre que considera en un espejo su rostro natural. Porque él se considera a sí mismo, y se va, y luego olvida cómo era" (Stg. 1:22–24).

desprecio la gran *bondad, tolerancia y paciencia* de Dios.

Esos tres términos presentan una revelación de Dios que va más allá de la revelación a los gentiles por medio de la naturaleza de su poder y deidad eternos (v. 4). Sugieren las cualidades divinas del trato de gracia con los judíos mostrado a través de los siglos.

Juicio con o sin ley (vv. 12–16)

¿Podían esperar los judíos un trato preferencial por tener la ley? ¿O podían los gentiles pedir una consideración especial por no tenerla? Ciertamente, la revelación de Dios en la ley, suponía una gran ventaja. Daba a conocer la voluntad de Dios de forma más completa, haciendo posible un conocimiento más pleno de él.

Pero la mayor oportunidad de conocer la voluntad de Dios incluía una mayor responsabilidad de obedecerla. "Porque todos los que sin ley han pecado, sin ley también perecerán; y todos los que bajo la ley han pecado, por la ley serán juzgados" (v. 12).

En un sentido real los gentiles tenían acceso a la ley de Dios: la ley interior de la conciencia. Por medio de la conciencia Dios escribió lo que la ley requería en el corazón de los gentiles. Así la conciencia, tanto como la naturaleza, constituían un medio por el cual Dios trataba de revelarse al mundo pagano. De esta manera Dios puso a todos, gentiles y judíos, bajo su ley.

■ *Dios se reveló a los judíos por medio de la*
■ *ley de Moisés, y mediante su ley escrita en*
■ *los corazones se reveló a los gentiles. Se-*
■ *gún el evangelio que Pablo predicaba, Dios*
■ *juzgaría los secretos tanto de judíos como*
■ *de gentiles por Jesucristo en el último día*
■ *(v. 16).*

LA AUTENTICA CALIDAD DE JUDIO ESTA EN EL INTERIOR (2:17–29)

Ventajas de los judíos (vv. 17–20)

Observe los detalles que menciona Pablo en su exposición de las ventajas de los judíos y de su orgullo en cuanto a esas ventajas.

1. *Tienes el sobrenombre de judío* (v. 17). Encontramos el uso más antiguo del término *judío* en el Antiguo Testamento en 2 R. 16:6 (V. M.). El judío estaba orgulloso de ser conocido como judío.

2. *Te apoyas en la ley* (v. 17). El verbo traducido "apoyar en" se usa en el sentido de encontrar descanso o apoyo en algo. Así pues, el judío se apoyaba o hallaba soporte en la ley.

3. *Te glorías en (te jactas de) Dios* (v. 17). Nadie tiene mayor privilegio que éste: Tener su gloria en Dios. Este es el corazón de la adoración.

4. *Conoces su voluntad* (v. 18). La ley era considerada como la revelación plena de la voluntad de Dios.

5. *Apruebas lo mejor* (v. 18). Eran capaces de distinguir entre el bien y el mal porque fueron instruidos en la ley.

6. *Confías en que eres guía de los ciegos, luz de los que están en tinieblas* (vv. 19, 20). Estos términos manifiestan una pobre opinión de los gentiles. Revelan tanto el alto concepto que tenían los judío de sí mismos como el bajo concepto que tenían de los gentiles.

Las inconsecuencias de los judíos (vv. 21–24)
Los cargos toman la forma de cinco preguntas y declaraciones retóricas. Observe que en cada una de las preguntas hacía responsables a los judíos de una chocante laguna entre su profesión y su práctica. Así, estos versículos sirven para detallar los cargos hechos contra los judíos en Ro. 2:3:

1. *Tú, pues, que enseñas a otro, ¿no te enseñas a ti mismo?* (v. 21). Se ha de conocer la verdad para enseñarla. ¿Se aventurará uno a enseñar a otros lo que no se aplica a sí mismo?

2. *Tú que predicas que no se ha de hurtar, ¿hurtas?* (v. 21). Esta es una referencia al octavo mandamiento.

3. *Tú que dices que no se ha de adulterar, ¿adulteras?* (v. 22). Esto se refiere al séptimo mandamiento. Viene a nuestra mente aquí el incidente de la mujer tomada en adulterio y llevada a Jesús, como se relata en Juan 7:53–8:11.

4. *Tú que abominas a los ídolos, ¿saqueas templos?* (v. 22, BA). Esto se refiere a quienes roban templos o, más generalmente, a quienes cometen un acto irreverente contra un lugar santo.

5. *Tú que te jactas de la ley, ¿con infracción de la ley deshonras a Dios?* (v. 23). Quebrantar la ley hacía de la jactancia de ella un gesto vacío. Dios no quería alabanza de

Hay muchas formas de robo. El profeta Amós denunció a los mercaderes codiciosos que estaban deseosos de que pasaran las fiestas religiosas para reanudar sus ventas de trigo con balanzas trucadas (Amós 8:5).

su revelación en la ley si su pueblo se negaba a obedecerla.

■ *Ante los ojos de Dios los judíos no tenían una*
■ *posición superior, aun cuando habían recibi-*
■ *do la revelación especial de Dios por medio*
■ *de la ley de Moisés. Aunque conocían la vo-*
■ *luntad de Dios manifestada en la ley, no*
■ *habían cumplido la ley.*

Obediencia al requisito de la circuncisión (vv. 25–29)

Un tercer aspecto de la perdición de los judíos que oscurecía su alienación de Dios era su observancia fiel de la circuncisión requerida en la ley.

Aunque este rito era practicado por otros en el mundo antiguo, tenía un significado especial para los judíos. Dios había ordenado a Abraham circuncidar a todo varón como señal del pacto entre Abraham y Dios (Gn. 17:10–17).

Una circuncisión auténtica no era la meramente externa y física. Una persona era judía sólo si lo era interiormente. La circuncisión que contaba era una circuncisión del corazón (ver Dt. 30:6). La circuncisión auténtica era obra del Espíritu. No venía por la observancia mecánica del código escrito. La verdadera circuncisión era el desprendimiento de la vieja naturaleza pecaminosa.

■ *La propia herencia y adhesión a los rituales*
■ *de la ley no dio a los judíos una posición co-*
■ *rrecta ante Dios. Antes bien, los verdaderos*
■ *judíos eran aquellos que habían recibido la*
■ *obra regeneradora del Espíritu en sus vidas.*

PREGUNTAS PARA GUIAR SU ESTUDIO

1. ¿Qué hace justos los juicios de Dios? ¿Qué nos dicen los juicios de Dios sobre él?
2. ¿Qué ventajas disfrutaban los judíos? ¿Por qué las mencionó Pablo?

3. ¿Cuáles eran las incoherencias de los judíos? ¿Por qué las presentó Pablo?

4. ¿Qué es significativo en la circuncisión del corazón? ¿Qué cumple que no puede cumplir la observancia de la ley?

ROMANOS 3

En este punto de su carta, Pablo hizo un alto para defender su denuncia de perdición de los judíos contra las objeciones de un oponente imaginario. El, sin duda, había escuchado realmente tales preguntas de parte de los oyentes judíos durante su predicación misionera.

LA FIDELIDAD DE DIOS (3:1–8)

Pregunta 1: ¿Qué ventaja tiene el judío? (vv. 1–12)

Lo que Pablo acababa de escribir sobre la identidad del verdadero judío y la circuncisión auténtica fue chocante para sus compatriotas judíos (2:25–29). No es de extrañar, pues, que los oyentes judíos le hicieran muchas preguntas. La respuesta de Pablo es: "Mucho, en todas maneras." Para empezar, a los judíos les fue confiada "la palabra de Dios". Lo más probable es que esto fuera una referencia a todo el Antiguo Testamento. (Más tarde Pablo citó otras razones en Ro. 9:1–5.)

Pregunta 2: ¿La infidelidad judía anula la fidelidad de Dios? (vv. 3, 4)

En el capítulo anterior Pablo había hablado de la dureza y falta de arrepentimiento de los judíos que estaban acumulando ira para ellos mismos (2:5). Describió a quienes proclamaban fervientemente la ley a los gentiles pero no la ponían en práctica ante ellos (2:21–24). Evidentemente,

"De ninguna manera"

Esta es una declaración muy enfática, que encontramos con frecuencia en el Nuevo Testamento. Expresa una negación rotunda a una proposición o pregunta formulada. Pablo la utilizó aquí versículos 4 y 6. Está compuesta por dos palabras griegas, "no" y "ser". Para transmitirle su fuerza, estas dos palabras se han traducido de diversas maneras como: "¡Que no ocurra esto!" "¡De ninguna manera!" "¡No lo permita Dios!" "¡Lejos de eso!" "¡Nunca tal ocurra!" "Fitzmyer llama a esto 'una negativa indignada'. Murray dice que *me genoia* ("absolutamente no") indica 'el rechazo de la repugnancia'."
Robert H. Mounce

estaban siendo infieles en cuanto al pacto. ¿Anulaba o cancelaba la infidelidad de algunos judíos la fidelidad de Dios?

La respuesta de Pablo fue enfática: "De ninguna manera; antes bien sea Dios veraz, y todo hombre mentiroso." Apoyó sus palabras con una cita de la última parte de Sal. 51:4. Hizo referencia a este Salmo para hacer hincapié en la defensa de Dios al juzgar.

Pregunta 3: ¿No es Dios injusto al imponer su ira sobre nosotros? (vv. 5, 6)

El objetor judío imaginario empieza ahora a poner en duda la justicia de Dios. El arguye que su maldad sirve en realidad a Dios proporcionando un fondo de contraste para la justicia de Dios. ¡Qué concepto tan retorcido del servicio divino supone esto! Pablo replica de nuevo de forma enfática: "¡En ninguna manera!" Si fuera así, ¿cómo podría Dios juzgar al mundo? El gobierno moral del universo estaba en juego con semejante acusación absurda.

Pregunta 4: ¿No hace mi mentira que la verdad de Dios abunde? (vv. 7, 8)

Aquí vemos un contraste entre la mentira del judío y la verdad de Dios. El judío sugería que su mentira haría que la verdad de Dios abundara para su gloria. Esto le hizo preguntarse por qué se le seguía condenando como pecador. Esta pregunta y la anterior equivalían a un llamamiento evangelizador que decía: "¿Hagamos males para que vengan bienes?" (v. 8). La respuesta mordaz de Pablo era que "su condenación es justa".

Dios no necesita nuestra maldad como *contraste* de su bondad. El quiere más bien nuestra bondad como un *reflejo* de su imagen. Se alaba su gloria cuando se permite a Dios crear su justicia en nosotros.

■ *Sugerir que Dios es injusto, como las preguntas de los versículos 3, 5 y 7 parecen hacer,*
■ *es blasfemar contra Dios. Los que ponen en*
■ *duda el juicio de Dios se están condenando a*
■ *sí mismos.*

CONCLUSION DE PABLO: TODOS SOMOS PECADORES ANTE DIOS (3:9–20)

No hay temor de Dios delante de sus ojos (vv. 9–18)

"¿Somos nosotros mejores?" Pablo habla otra vez enfáticamente: "En ninguna manera." El judío no tenía ventaja ni estaba en desventaja puesto que ya había sido establecido que tanto judíos como gentiles están bajo la condenación del pecado (ver 1. R. 8:46; Gá. 3:22).

Para apoyar su acusación, Pablo recopila varios pasajes del Antiguo Testamento (vv. 10–18): Sal 14:1–3 (vv. 10–12); Sal. 5:9; 140:3 (v. 13); Sal. 10:7 (v. 14); Is. 59:7, 8 (vv. 15–17); y Sal. 36:1 (v. 18). En conjunto conducen a la condenación final del versículo 18: "No hay temor de Dios delante de sus ojos." Este versículo señala los efectos desastrosos registrados en los versículos 10–17, que eran tan visibles en tiempos de Pablo, y en el nuestro.

Toda esta sección (3:9–20) refleja la escena en una sala de juzgado, lo que trata de captar la siguiente tabla:

La "Escena de juicio" de Pablo

FASE	VERSICULO	CONTENIDO
La acusación	v. 9	Judíos y gentiles "todos están bajo pecado".
La evidencia	vv. 10–18	"No hay justo, ni aun uno; ... No hay temor de Dios delante de sus ojos."
Escena de la sala de juicio	v. 19	"Que toda boca se cierre y todo el mundo quede bajo el juicio de Dios."
El veredicto	v. 20	"Por las obras de la ley ningún ser humano será justificado delante de él; porque por medio de la ley es el conocimiento del pecado."

Citando con libertad el Salmo 143:2, Pablo añadió: "Por las obras de la ley ningún ser humano será justificado delante de él; porque por medio de la ley es el conocimiento del pecado." Ningún ser humano puede alcanzar una posición correcta ante Dios basándose en hacer lo que requiere la ley. ¿Por qué? Porque la ley hace a una persona consciente de pecado. Revela que no somos capaces de vivir a la altura de lo requerido por un Dios santo. El propósito de la ley es dirigir la conducta, no proporcionar un método para estar ante Dios sobre la base de la propia justicia.

Todo el mundo es responsable ante Dios (vv. 19, 20)

Al llevar su acusación de todos los hombres a un final, Pablo escribió: "Pero sabemos que todo lo que la ley dice, lo dice a los que están bajo la ley, para que toda boca se cierre y todo el mundo quede bajo el juicio de Dios." Los que estaban bajo la ley eran judíos. Pablo centró la atención en ellos, para que pudieran entender que ellos, tanto como los gentiles eran responsables ante Dios. Ambos están sin excusa ante él (Ro. 1:20; 2:1).

Una vez más Pablo reiteró el tema que era tan difícil de entender y aceptar para su oyentes judíos. Nadie podía llegar a una posición correcta con Dios por hacer lo que la ley requiere. El propósito de la ley es dirigir la conducta, no proporcionar un método de estar ante Dios sobre la base de la propia justicia.

EL CAMINO DE DIOS PARA JUSTIFICARNOS CON EL (3:21–31)

Aparte de la ley (v. 21)

Como fariseo devoto Pablo había creído que podía alcanzar una posición correcta mediante el cumplimiento de la ley. Por ello era celoso de las tradiciones de los padres (Gá. 1:14). El pretendía ser intachable en cuanto a la justicia ante la ley (Fil. 3:6). Sin embargo, su encuentro con el Cristo resucitado en el camino de Damasco lo cambió radicalmente todo. Nunca más dependería Pablo de su obediencia a la ley como base de su aceptación por Dios.

Cuando Dios nos enfrenta con el evangelio de Jesucristo, no nos presenta una nueva ley para que la cumplamos. No se nos invita a conseguir una posición correcta con Dios por la obediencia a algún código religioso. Pablo escribió: "Pero ahora, aparte de la ley, se ha manifestado la justicia de Dios." El evangelio no es legalista. Es la buena nueva de Dios para una raza pecadora.

Testificada por la ley y por los profetas (v. 21)

En Romanos 1:2, Pablo indicó que Dios ha prometido el evangelio por anticipado por medio de sus profetas en las Escrituras. Aquí amplía la declaración para incluir la ley tanto como los profetas. A través de ambos, Dios proporcionó testigos de su obra de salvación en Jesucristo. El evangelio no fue ninguna innovación. Así pues, Pablo compartió con otros cristianos primitivos la convicción de que el Antiguo Testamento apuntaba hacia la venida de Jesucristo. Las grandes promesas del Antiguo Testamento tienen su cumplimiento en el Nuevo.

Obtenida por fe en Jesucristo (vv. 22–25)

Pablo afirmó que Dios hizo accesible a hombres y mujeres una relación correcta con él por medio de la fe en Jesucristo. Todos necesitan creer en él, "por cuanto todos pecaron, y están destituidos de la gloria de Dios". Este es el veredicto que Pablo alcanzó respecto a los gentiles, y lo repite aquí.

Los versículos 24, 25 son cruciales para nuestro entendimiento de la enseñanza de Pablo en cuanto a la muerte de Jesucristo en la cruz. Aquí Pablo utiliza tres metáforas para describir lo que Dios ha hecho por los pecadores por medio de Jesucristo, su Hijo.

Sala de juicio. Mediante esta metáfora vemos a un condenado ante un tribunal escuchando el veredicto de absolución.

Esclavo. Mediante la metáfora del esclavo vemos a un hombre esclavizado redimido de su servidumbre y hecho libre.

Sacrificio ritual. Mediante la metáfora del sacrificio vemos a un hombre culpable del que ha sido retirada la ira de Dios.

Todo esto es de gracia. Lo que Dios ha llevado a cabo a través de la muerte de su Hijo en la cruz puede ser experimentado por los hombres por medio de la fe.

Muestra la justicia de Dios (vv. 25, 26)

Dios pasó por alto los pecados cometidos previamente. ¿Significa eso que él es indiferente al pecado y a la justicia? Pablo arguyó que este no es el caso. Jesús, el amado Hijo de Dios, tomó sobre sí las consecuencias del pecado. Por la muerte de Jesús, Dios demostró al menos dos verdades: (1) Que es un Dios de justicia y (2)

Que él justifica —o hace justos ante él— quienes tienen fe en Jesús.

 La obra redentora de Dios por medio de su Hijo Jesucristo es el acontecimiento más sorprendente de la historia del universo. Dios pronunció una justa sentencia de muerte sobre todos, porque todos pecaron. Entonces proporcionó un sacrificio sin pecado, su único Hijo, para expiar la injusticia del rebelde género humano. ¡Qué tragedia cuando las personas malentienden la paciencia y misericordia de Dios considerándolas como indiferencia hacia sus pecados! (ver Ec. 8:11).

Excluye el orgullo (vv. 27, 28)

¿Qué implicaciones tiene para nosotros la justificación por fe en cuanto a nuestra actitud básica hacia Dios y hacia nosotros mismos? Debería marcar una diferencia en nuestras vidas. Aquellos que imaginan haber conseguido una posición correcta con Dios por haber guardado la ley tienden a ser jactanciosos. Pero cuando la gracia de Dios se entiende correctamente, la jactancia se convierte en una contingencia del pasado. Pablo declaró: "Queda excluida." El advirtió a los corintios: "El que se gloría, gloríese en el Señor" (1 Co. 1:31).

Confirma a Dios como el Dios de todos los hombres (vv. 29, 30)

Otra consecuencia importante de la justificación por fe es que puesto que Dios es uno, él es el Dios de todos los hombres, tanto gentiles como judíos. Esta creencia era declarada por los judíos devotos cada vez que recitaban su confesión tradicional de fe (la *Shema*): "Oye, Israel: Jehová nuestro Dios, Jehová uno es. Y amarás a Jehová tu Dios de todo tu corazón, y de toda tu alma, y con todas tus fuerzas" (Dt. 6:4, 5).

"Propiciación"

Muchos se han opuesto al concepto de propiciación que dice que la ira de Dios debe ser eliminada si los humanos han de ser justificados.

John Murray dice: "Una cosa es decir que el Dios iracundo se convierte en amoroso. Esto sería enteramente falso. Otra cosa es decir que el Dios iracundo es amoroso. Esto es profundamente cierto."

Después de citar a Murray, Millard Erickson explica: "El amor que impulsó a Dios a enviar a su Hijo estaba siempre presente. Mientras la santidad, rectitud y justicia del Padre requerían que se hiciera un pago por los pecados, su amor lo proveyó. La propiciación es el fruto del divino amor del Padre."

Confirma la ley (v. 31)

Finalmente, Pablo preguntó si el principio de fe priva a la ley de su legítimo papel. ¿Por la fe "invalidamos" la ley? Su contestación fue: "En ninguna manera." Por el contrario, la fe pone a la ley en su lugar adecuado. La ley juega un papel esencial en el plan divino, pero nunca tuvo el propósito de hacer posible que una persona ganara la justicia. La fe confirma la ley en el sentido de que cumple todas las obligaciones de la ley.

■ *La justificación por Dios de aquellos que*
■ *creen es provista "gratuitamente por su gra-*
■ *cia". La gracia indica el favor gratuito e in-*
■ *merecido por el que Dios ha declarado a los*
■ *creyentes con derecho a estar en su presen-*
■ *cia.*

PREGUNTAS PARA GUIAR SU ESTUDIO

1. ¿Por qué creían los judíos que guardar la ley les daba derecho a estar en la presencia de Dios? ¿Cuál fue la respuesta de Pablo a esta creencia?

2. Pablo declaró que todos son culpables ante Dios. ¿Cómo era culpable el judío?

3. ¿Cómo llega una persona a ser justa ante Dios? ¿Qué significa expiación?

4. ¿Cuáles son las dos consecuencias de la justificación por fe que trata Pablo?

El capítulo 4 sirve como prueba clara de que el principio de justificación por fe sin las obras era de hecho el principio operativo en el Antiguo Testamento. No era una doctrina creada por Pablo.

LA BASE DE LA JUSTICIA DE ABRAHAM (4:1–8)

¿Cuál fue el fundamento de la justicia de Abraham ante Dios: Fe u obras? La contestación dada por la tradición judía era obras. Uno se pregunta cómo se las arregló Abraham para guardar la ley si la ley no fue dada hasta el tiempo de Moisés. Según alguna tradición judía Abraham guardó la ley por anticipado.

De esto se sigue que si Abraham hubiera sido justificado por obras (o fe vista como obra meritoria), tendría razón para jactarse. Sin embargo, Pablo apeló a Gn. 15:6 para mostrar que no fue así: "Creyó Abraham a Dios, y le fue contado por justicia." Esta era una enseñanza bíblica básica sobre Abraham. Dios se había revelado a Abraham, y él había respondido en fe. Esta fe le fue contada al patriarca por justicia. El fue justificado por fe.

La doctrina de la justificación por fe

Básicamente, la justificación es el proceso por el que una persona es llevada a una relación correcta con Dios de forma inmerecida. La justificación no comprende todo el proceso de salvación; sin embargo, marca ese punto instantáneo de entrada o transformación que hace a un individuo "justificado delante de él". Los cristianos son justificados de la misma forma que lo fue Abraham: por fe (Ro. 4:16; 5:1). Las obras humanas no logran ni ganan la aceptación de Dios. El ejercicio de la fe sola nos introduce a una inmerecida relación correcta con Dios (Gá. 2:16; Tit. 3:7).

■ *Pablo presentó pruebas de que el principio de*
■ *la justificación por fe sin obras era, de hecho,*
■ *el principio operativo en el Antiguo Testa-*
■ *mento. El mismo Abraham fue el primer*
■ *ejemplo del Antiguo Testamento (o prototi-*
■ *po) de justificación por fe.*

Circuncisión y cristianismo

En la iglesia primitiva surgió la controversia (Hch. 10–15) sobre si los varones gentiles convertidos necesitaban ser circuncidados o no. Los judíos del primer siglo d. de J.C. despreciaban a los incircuncisos. El liderazgo del apóstol Pablo en el concilio de Jerusalén fue crucial en la solución de la disputa: La circuncisión del corazón por la vía del arrepentimiento y la fe fueron los únicos requisitos (Ro. 4:9–12; Gá. 2:15–21).

EL SIGNIFICADO DE LA CIRCUNCISION (4:9–12)

¿Qué hay de esta bendición de una justicia que es contada por medio de la fe? ¿Es sólo para los circuncidados, o también incluye a los incircuncisos? Una vez más, apeló a lo que enseñan las Escrituras sobre la justicia de Abraham. El relato de su justificación por fe se registra en Gn. 15:6, y su circuncisión no se describe hasta Gn. 17:22–27. Esto fue varios años más tarde, cuando Ismael tenía trece años de edad. Así pues, en el tiempo en que la fe de Abraham le fue contada por justicia, él no estaba circuncidado.

Entonces, ¿cuál era el significado de la circuncisión para Abraham? Pablo explicó que la circuncisión no fue la obra por medio de la cual obtuvo una relación correcta con Dios. Antes bien, fue una señal de la justificación por fe que ya tenía. La circuncisión era un signo de fe, no un sustituto de ella.

■ *Pablo mostró que Dios declaró justo a Abra-*
■ *ham por fe, no por medio de las obras o ritos*
■ *de la ley.*

LA PROMESA DE MUCHOS DESCENDIENTES (4:13–25)

Las promesas de Dios a Abraham y sus descendientes no estaban ligadas al cumplimiento de una ley. La promesa fue por gracia: para ser creída y recibida por fe. Colocar la relación entre Dios y los humanos sobre una base legalista invita a la ira de Dios. Las relaciones con una base legalista requieren que ambas partes lleven a cabo perfectamente tanto el espíritu como la letra de la ley. El fallo en hacer esto da por resultado castigos (ira) para la parte ofensora. Conociendo la debilidad de la naturaleza humana como Dios la conoce, él sabe que la relación adecuada debe basarse en algo diferente a un fundamento legal.

Pablo llega al clímax de su relato de la justificación por fe de Abraham recordando a sus lectores que esto tenía significado también para ellos: para "los que creemos en el que levantó de los muertos a Jesús, Señor nuestro" (v. 24) es también contada por justicia. Es más, Jesús "fue entregado por nuestras transgresiones, y resucitado para nuestra justificación" (v. 25).

■ *Jesucristo, crucificado y resucitado, es la*
■ *provisión de Dios el Padre por gracia para*
■ *los pecados de una humanidad caída. La sen-*
■ *cillez del mensaje lo hace claro para todo el*
■ *que oiga. El poder del mensaje es experimen-*
■ *tado por todos los que lo alcanzan en fe.*

PREGUNTAS PARA GUIAR SU ESTUDIO

1. ¿Cuál era la base de la justicia de Abraham?

2. ¿Qué significa ser justificado por fe?

3. ¿Cuál era el significado de la circuncisión para los judíos? ¿Por qué declaró Pablo innecesario este rito?

4. ¿Qué prometió Dios a Abraham y sus descendientes?

Promesa de Dios a Abraham

El nombre Abraham significa "padre de una multitud". El patriarca hebreo fue conocido como ejemplo de fe. Su nombre fue en principio Abram, pero éste fue cambiado por Abraham. A él Dios le hizo su promesa de pacto en Gn. 17:4, 5:

"He aquí mi pacto es contigo, y serás padre de muchedumbre de gentes. Y no se llamará más tu nombre Abram, sino que será tu nombre Abraham...Y te multiplicaré en gran manera, y haré naciones de ti, y reyes saldrán de ti. Y estableceré mi pacto entre mí y ti, y tu descendencia después de ti en sus generaciones, por pacto perpetuo, para ser tu Dios, y el de tu descendencia después de ti."

Abraham estaba convencido de que Dios tenía el poder de hacer lo que le había prometido. Tenía confianza plena en la capacidad e integridad de Dios. La fe es una rendición total a la capacidad y voluntad de Dios para llevar a cabo sus promesas.

El "pues" con que empieza el capítulo 5 lo conecta con lo que Pablo había escrito en los versículos anteriores. De hecho "Justificados, pues, por la fe" (v. 1) resume todo el argumento de los capítulos 1–4.

Quienes han depositado su confianza en Cristo pueden descansar seguros de que su fe les ha sido contada por justicia. Su confianza está basada en el hecho de que Cristo fue entregado a muerte por sus pecados y resucitó para que ellos pudieran ser declarados justos.

LOS BENEFICIOS DE LA JUSTIFICACION (5:1–11)

"Paz para con Dios"

"Paz" es una palabra rica en significado. Habla de la nueva relación entre Dios y quienes acuden a él en fe. Tal como usa aquí el término Pablo, no describe primariamente un estado de tranquilidad interna. Es externa y objetiva. Tener "paz para con Dios" significa estar en una relación con Dios en la que toda hostilidad causada por el pecado ha sido eliminada.

Una nueva relación con Dios (vv. 1, 2)

Nuestra nueva relación con Dios —basada en nuestra justificación por fe— se caracteriza por paz, acceso a Dios, y esperanza de gloria.

Acceso a Dios. Por medio de Cristo hemos sido introducidos a la presencia de Dios el Padre. Por fe hemos obtenido acceso a esta relación de gracia en la que nos encontramos ahora (Ef. 2:18).

Esperanza de compartir la gloria de Dios. Nos gozamos en la esperanza de compartir "la gloria de Dios". Así pues, podemos enfrentarnos al futuro con gozo. El plan de Dios de que debíamos reflejar su gloria se está realizando ahora en las vidas de los creyentes obedientes.

- *Aquellos justificados por fe disfrutan de una*
- *nueva relación con Dios. Esta nueva situa-*
- *ción está caracterizada por la paz con Dios,*
- *acceso a Dios, y la esperanza gozosa de com-*
- *partir la gloria de Dios.*

Un nuevo concepto del sufrimiento (vv. 3–5)

El gozo del creyente no es algo que espera sentir en el futuro, sino una realidad presente incluso en tiempos de pruebas y sufrimiento. El sufrimiento cristiano es una fuente de gozo porque su propósito es edificar el carácter del creyente. Observe las secuencias que describe Pablo:

Eslabones en la cadena del proceso del sufrimiento cristiano

ESLABON	PRODUCE	RESULTADO EN EL CREYENTE
Sufrimiento	→	Perseverancia
Perseverancia	→	Carácter
Carácter	→	Esperanza

"Produce"

Cada uno de los tres pasos mencionados son "producidos". La palabra utilizada por Pablo significa "lograr". Es una palabra plena de significado. Debido a que se usa con frecuencia con una fuerza perfectiva en composición, una paráfrasis podría ser "obrar a lo largo hasta el final" o "produce completamente".
A. T. Robertson.

"La tribulación produce paciencia" (v. 3). La palabra traducida "tribulación (sufrimiento)" significa literalmente "presión". Describe la aflicción producida en nosotros por circunstancias externas.

"Y la paciencia, prueba" (v. 4). La palabra traducida "prueba" describe la calidad de haber sido aprobado, lo que ha sido examinado por la prueba. "Y la paciencia prueba de fe" (v. 4, VM).

Esperanza no es la matrícula que pagamos cuando nos inscribimos en la escuela de la adversidad. Más bien, es el diploma concedido a aquellos que por la gracia de Dios pasan bien los exámenes.

"Y la prueba, esperanza" (v. 4). Observe que "esperanza" es el nivel final en estos tres pasos hacia la madurez espiritual. Siempre arde con brillantez en aquellos cuyo carácter ha sido desarrollado mediante la superación de muchas pruebas.

Pablo mantenía que la esperanza cristiana "no avergüenza" (no desilusiona). Nunca demostrará ser ilusoria porque "el amor de Dios ha sido derramado en nuestros corazones por el Espíritu Santo que nos fue dado".

■ *Los creyentes tienen un concepto nuevo del*
■ *sufrimiento. El sufrimiento cristiano es una*
■ *fuente de gozo porque su propósito es edifi-*
■ *car el carácter en el creyente.*

Una nueva seguridad en el juicio (vv. 6–11)

Otro beneficio de la justificación es la seguridad que proporciona en cuanto al juicio final. La esperanza cristiana no es un deseo ilusionado ni una conjetura. Antes bien, está basada en el fundamento sólido de lo que Dios ha hecho por nosotros en la muerte de su Hijo.

Dios llevó a cabo esta acción a nuestro favor no porque fuéramos buenos. Por el contrario, éramos sus enemigos. Estábamos en el peor estado posible.

El argumento de Pablo es un argumento de *cuánto más* o *mucho más*. Si Dios hizo esto por nosotros cuando éramos enemigos, mucho más hará ahora que hemos sido reconciliados con él por la muerte de su Hijo. Mirando a la clase y grado del amor que Dios mostró por nosotros, tenemos paz y confianza.

La seguridad cristiana respecto al juicio final está basada en lo que Dios ha hecho ya (v. 9). Debido a ello los creyentes serán librados de la ira del último día. La acción clemente y decisiva en el creyente pone una base histórica sólida bajo la certeza de la liberación final. Por esta razón los cristianos nos "gloriamos en Dios por el Señor nuestro Jesucristo, por quien hemos recibido ahora la reconciliación".

EL DON DE LA JUSTICIA (5:12–21)

Desde Adán hasta Moisés (vv. 12–14)

Empezando con el versículo 12 entramos en el amplio contraste que Pablo hace entre Adán (el primer hombre) y los resultados de su pecado, y Jesucristo (el segundo hombre) y las provisiones gratuitas de su vida y muerte expiatoria.

Pero, ¿qué hay de aquellos que vivieron entre Adán y Moisés? ¿Qué hay de la presencia del pecado antes de que fuera dada la ley? Pablo afirmó: "Pues antes de la ley, había pecado en el mundo; pero donde no hay ley, no se inculpa de pecado." El pecado de Adán se manifestó como una transgresión deliberada del mandamiento de Dios. No era posible para quienes vivieron entre Adán y Moisés pecar de esta manera.

Pablo explica en el versículo 14: "No obstante, reinó la muerte desde Adán hasta Moisés, aun en los que no pecaron a la manera de la transgresión de Adán, el cual es figura del que había de venir." Este versículo afirma que la humanidad presidida por Adán estaba caracterizada por el pecado y la muerte incluso durante el tiempo anterior a la ley. También, con referencia a Adán como tipo de Cristo, el versículo 14 proporciona una transición para la analogía de los versículos siguientes.

Adán y Cristo: Una analogía (vv. 15–19)

Hay cinco paralelos entre Adán y Cristo en estos versículos. Los primeros tres son contrastes (vv. 15–17), y los últimos dos son comparaciones (vv. 18, 19):

1. Contraste entre la *transgresión* de Adán, por la que muchos murieron, y *el don de Dios* por la gracia en Jesucristo, que abundó para muchos (v. 15).

2. Contraste entre la *condenación* que siguió a la transgresión de Adán y la *justificación* que sigue al don gratuito de la gracia de Dios (v. 16).

3. Contraste entre la *muerte* que reinó por la transgresión de Adán y el mucho más grande reinado *en vida* de aquellos que reciben el don gratuito de la gracia de Dios (v. 17).

4. Comparación entre la *condenación* que llegó a todas las personas por la transgresión de Adán y la *justificación* que llega a todas las personas por el acto de justicia de Cristo (v. 18).

5. Comparación entre la *desobediencia* de Adán, por la que muchos fueron hechos pecadores, y la *obediencia* de Cristo, por la que muchos serán considerados justos (v. 19).

El triunfo de la gracia (vv. 20, 21)

Si la justicia es por la fe, es razonable preguntar cómo encaja la ley en el cuadro. Después de todo, Dios dio a los israelitas un código extenso de leyes en la esperanza de que guiara su vida y conducta. La respuesta es que la ley fue dada para que el pecado pudiera aumentar. La ley en realidad hace al delito peor. La ley no tuvo nunca el propósito de proporcionar salvación, sino

Gracia incrementada

Cuando el pecado abundó, la gracia "sobreabundó", "sobrepasó en mucho", "excedió inmensurablemente", "se desbordó".

Robert Mounce, *Romans* [Romanos], NAC, 145.

de convencer a las personas de la necesidad de ella.

Dios derramó su gracia sobre nosotros más allá de toda medida. Su gracia excedió inmensurablemente la extensión del pecado humano. El propósito último de Dios en su gracia es triunfar sobre el reinado del pecado y la muerte. ¡Qué magnífica imagen de la realización de la obra de justificación de Dios en Cristo!

- *Pablo, por medio de la tipología, demostró*
- *que el pecado vino a hombres y mujeres por*
- *medio de Adán; justicia y vida vinieron por*
- *medio de Jesucristo. El pecado había sido in-*
- *tensificado por la ley. Por ello, se necesitaba*
- *más gracia. Pero cuando el pecado abundó,*
- *la gracia abundó todavía más.*

PREGUNTAS PARA GUIAR SU ESTUDIO

1. ¿Qué caracteriza la nueva relación del creyente con Dios?

2. ¿Qué significa tener "paz con Dios"?

3. Explique el proceso de tres pasos de la madurez espiritual por medio del sufrimiento en Ro. 5:3–5. ¿Cuál debería ser la actitud del creyente hacia el sufrimiento?

4. ¿De qué formas contrasta Pablo a Adán con Cristo?

Empezando con este capítulo, Pablo explica lo que ocurre en la vida del creyente una vez que sus pecados han sido perdonados, y ha sido declarado justo a los ojos de Dios. Este proceso de crecimiento hacia la madurez espiritual es el tema de los capítulos 6–8; es llamado "santificación" y es un proceso de transformación de por vida hacia la semejanza de Cristo.

MUERTOS AL PECADO, VIVOS EN CRISTO (6:1–14)

En Ro. 5:20 Pablo declara que cuando el pecado abunda, la gracia de Dios sobreabunda. ¡Qué noticia tan maravillosa es ésta! Significa que no importa lo profunda que sea la mancha de pecado del hombre, la gracia de Dios es más grande. Así, pues, hay esperanza para todos, y los hombres deberían alabar a Dios por su gracia admirable.

No obstante, esta gran verdad sobre el evangelio es propensa a graves distorsiones por hombres pecadores: "¿Perseveraremos en el pecado para que la gracia abunde?" La respuesta de Pablo a esta pregunta retórica es un resonante: "En ninguna manera." ¿Cómo podría ser que aquellos que habían muerto al pecado continuaran viviendo en pecado?

Pablo describe la muerte del cristiano refiriéndose al bautismo. El bautismo proclama con elocuente simplicidad lo que ha ocurrido en la vida de una persona.

Primero, el bautismo es una identificación con la muerte, sepultura y resurrección de Cristo. El creyente dice al mundo: "Soy de Cristo."

William Barclay dijo: "Qué perverso sería para un hijo considerarse libre para pecar, porque supiera que su padre le perdonaría."

En muchas iglesias evangélicas las personas son invitadas a confesar públicamente su fe en Cristo pasando al frente y dando la mano al pastor. Pero en tiempos de Pablo no había edificios cristianos con pasillos para que anduvieran las personas; en lugar de ello hacían pública su confesión de fe en Cristo bautizándose. No es probable que Pablo encontrara una situación en la que uno profesara la fe cristiana y rehusara ser bautizado. El bautismo era tanto el tiempo como el modo de confesión por el que uno daba a conocer su fe en Jesucristo como Señor.

Segundo, el bautismo es una proclamación de que hemos muerto al pecado. Nuestro pecado y sus consecuencias fueron llevados por Cristo, y nuestros pecados fueron los que le llevaron a la muerte. Al darse cuenta de la naturaleza repulsiva del pecado, el creyente siente aversión a pecar.

Tercero, el bautismo dice al mundo que tal como Dios levantó a Jesús de los muertos —para no volver a morir nunca— así somos nosotros levantados de las aguas del bautismo para que "andemos en vida nueva".

Evidentemente, el creyente no muere en el bautismo en la forma en que Cristo murió. Y no resucita de los muertos en un cuerpo resucitado como lo hizo Cristo. Pero el bautismo comunica al mundo un cambio en el creyente que es tan radical como la muerte y la resurrección de Jesús.

Pablo describió este cambio radical de la forma siguiente: Antes de la conversión todas las personas son esclavas del pecado. En la conversión el viejo hombre es crucificado en Cristo para poder desprenderse del cuerpo de pecado. El resultado es que nuestra esclavitud del pecado es destruida.

El creyente no sólo odia el pecado, sino que también tiene poder para decirle *no*. Esta es una postura que debe asumirse cada día desde el momento de la conversión hasta el día de la muerte del creyente en que es separado de la presencia del pecado.

Cuando el creyente muere y está en la presencia de Cristo es incapaz de pecar. Pero hasta entonces, Pablo amonestó: "consideraos muertos al pecado, pero vivos para Dios en Cristo Jesús, Señor nuestro" (Ro. 6:11). Considerarse uno muerto al pecado no es algo que simplemente

"La mayoría de los comentarios asumen que la inmersión era el modo original (de bautismo) como hizo toda la cristiandad hasta después de la Reforma. Tomás de Aquino y Juan Calvino concedían esto aunque argumentaban a favor de un modo alternativo. Lutero y Wesley eran casi inflexibles en defensa de la inmersión."

Dale Moody

ocurre. Es algo que el creyente puede y debe hacer diariamente.

En el versículo 13 Pablo señaló que los creyentes tienen la alternativa continua de presentar los miembros de su cuerpo como siervos del pecado o como siervos de Dios. El exhortó a los creyentes a presentar sus cuerpos a Dios para servir a sus buenos propósitos.

■ *La salvación tal como está ejemplificada en*
■ *el bautismo cambia a las personas que re-*
■ *ciben una nueva naturaleza que se deleita en*
■ *servir a Dios. En la conversión, los cristianos*
■ *pasan de una experiencia de esclavitud del*
■ *pecado al servicio de Dios.*

 Mandamientos de Pablo en Romanos 6:11–13

Mandamiento	Versículo	Clase de Mandamiento	Significado extenso
"Consideraos muertos al pecado."	v. 11	Imperativo (hacer)	"Exhortación a vivir a la altura del ideal de vida del bautizado."
"No reine, pues, el pecado en vuestro cuerpo mortal."	v. 12	Prohibición (no hacer)	No permitáis que el pecado "siga reinando como lo hizo una vez."
"Tampoco presentéis vuestros miembros al pecado."	v. 13	Prohibición (no hacer)	"Dejad de presentar vuestros miembros o no tengáis el hábito de hacerlo."

(Continúa en la página siguiente)

MANDAMIENTO	VERSÍCULO	CLASE DE MANDAMIENTO	SIGNIFICADO EXTENSO
"Presentaos vosotros mismos a Dios."	v. 13	Imperativo (hacer)	"Hacedlo ahora y completamente."
"Y vuestros miembros a Dios como instrumentos de justicia."	v. 13	Imperativo (hacer)	"No sigáis usando vuestros miembros para pecar."

Tomado con permiso de A. T. Robertson

ESCLAVOS DE LA JUSTICIA (6:15–23)

En Ro. 6:14, Pablo declaró que el cristiano no está ya bajo la ley sino bajo la gracia. Este versículo proporciona la transición a una reafirmación del mismo problema mencionado en Ro. 6:1: "¿Qué, pues, diremos? ¿Perseveraremos en el pecado para que la gracia abunde?" La contestación de Pablo es: "En ninguna manera."

Evidentemente Pablo había encontrado oponentes judíos que mantenían que la ley era esencial para evitar que los creyentes cayeran en pecados paganos. Otra posibilidad es que algunos creyentes pensaran que puesto que estaban bajo la gracia en lugar de bajo la ley, podían pecar sin terribles consecuencias. Pablo utilizó la analogía de la esclavitud para combatir una actitud descuidada hacia el pecado.

"El camino de la gracia es el asunto de día en día de la vida de gracia. La ética cristiana es la expresión de una relación con Cristo. Si un cristiano falla moralmente, no es porque el poder necesario no sea accesible. Es porque no es tomado."

J. V. MacGorman.

Pablo recordó a sus lectores que, independientemente de las reclamaciones religiosas que hacían, su auténtico señor se identificaría por los mandamientos que ellos obedecían. Si obedecían los mandamientos del pecado, el pecado era su señor y la muerte su destino. Si obedecían los mandamientos de la justicia, la justicia era su señor y la vida su fin.

Los versículos 20–23 resumen la enseñanza de Pablo sobre las consecuencias morales de la justificación por fe. El señalaba dos señores, dos libertades, dos frutos y dos destinos.

Vidas en contraste

	CREYENTE	NO CREYENTE
Señor	Justicia	Pecado
Libertad	Libre del pecado	Libre de la justicia
Fruto	Santificación	Comportamiento vergonzoso
Destino	Vida eterna	Muerte

■ *La esclavitud del pecado da por resultado la*
■ *muerte. La esclavitud de la justicia lleva al*
■ *compañerismo eterno con Dios. Todo viene a*
■ *parar a esto: La paga del pecado es muerte,*
■ *mas la dádiva de Dios es vida eterna.*

PREGUNTAS PARA GUIAR SU ESTUDIO

1. ¿Qué significa ser "bautizados en Cristo"?

2. ¿Cuál es la finalidad de los mandamientos éticos de Pablo en 6:11–13?

3. Contraste la vida de una persona esclava del pecado con la de una persona esclava de la justicia. ¿Cuáles son las diferencias principales?

4. Describa la doctrina de la santificación. ¿Cómo tiene lugar? ¿Cuál es el resultado?

En este capítulo Pablo se pinta a sí mismo como alguien que necesita vivir rectamente y cumplir las demandas de la ley, pero todavía frustrado interiormente por el pecado. En ningún otro lugar de las cartas de Pablo, y en ningún otro lugar de la literatura antigua, hay una descripción tan penetrante de la situación humana como en Ro. 7:1–25.

MUERTOS A LA LEY (7:1–6)

Pablo enseñó que los cristianos han muerto no sólo al pecado sino también a la ley. Así la ley ya no impone su autoridad sobre ellos. El apóstol estableció el principio de que la ley sólo ejerce su señorío sobre una persona en tanto la persona "vive". La muerte cancela los derechos de la ley sobre esa persona.

Para ilustrar este principio Pablo se apoya en el pacto de matrimonio. Una mujer casada está legalmente sujeta a su esposo en tanto que él viva. Si ella vive con otro hombre mientras su esposo está vivo, viola la ley y es una adúltera. Sin embargo, si su esposo muere, es libre de casarse con otro hombre.

Habiendo establecido el principio de que la muerte hace inoperante la ley, Pablo aplicó esta analogía al asunto que tenía entre manos: La relación del cristiano con la ley en el versículo 4. Es verdad que la analogía no es exacta.

Lo importante es que la relación de matrimonio había quedado rota por la muerte de uno de los participantes. La muerte del creyente tuvo lugar cuando esa persona se identificó por fe con el Cristo crucificado. La muerte de Cristo por el pecado se convierte en nuestra muerte al pecado

Santificación

La santificación es el proceso de ser hecho santo, que da por resultado un cambio en el estilo de vida para el creyente. La crucifixión de Cristo hace posible el cambio del pecador de lo profano a lo santo (es decir, "santifica", "hace santo") para que el creyente pueda llegar a formar parte de templo en que Dios mora y es adorado.

Tanto Pablo como Pedro afirmaron la obra del Espíritu Santo en la conversión como santificación, que es hacer santo al creyente para que pueda presentarse ante Dios en aceptación. Especialmente en Pablo, *justificación* y *santificación* son conceptos íntimamente relacionados.

"Con Cristo estoy juntamente crucificado, y ya no vivo yo, mas vive Cristo en mí; y lo que ahora vivo en la carne, lo vivo en la fe del Hijo de Dios, el cual me amó y se entregó a sí mismo por mí. No desecho la gracia de Dios; pues si por ley fuese la justicia, entonces por demás murió Cristo" (Gá. 2:20, 21).

(Gá. 2:19, 20). El propósito de esta muerte es que podamos pertenecer a otro esposo: al que fue resucitado de los muertos. Nuestro Salvador se convierte en nuestro nuevo "esposo".

Y esto, a su vez, tiene el propósito de que podamos llevar mucho fruto para Dios. Si Pablo intentaba que siguiéramos con la analogía del matrimonio, la idea de llevar "fruto" se referiría a la descendencia. Probablemente él tenía en mente una idea más general, tal como "la nueva vida caracterizada por las buenas obras preparadas de antemano por Dios y en las que nosotros hemos de andar." F. F. Bruce, *La Carta de Pablo a los Romanos*.

■ *Anteriormente estábamos sometidos a regla-*
■ *mentos escritos. La ley era nuestro antiguo*
■ *señor. Pero ahora hemos sido liberados para*
■ *servir a nuestro nuevo Señor de una forma*
■ *nueva, en el Espíritu. Muertos al pecado y*
■ *liberados para vivir para la justicia, ahora*
■ *vivimos vidas que llevan fruto para Dios.*

LA LEY Y EL PECADO (7:7–25)

"¿La ley es pecado?", es la pregunta que se hace Pablo. Su respuesta enfática es: "En ninguna manera." Cualquier equiparación de la ley con el pecado era una distorsión chocante para él. Sin embargo, Pablo veía una relación entre la ley y el pecado, y en los versículos 7–11 trató de explicarla.

Pablo presenta su respuesta en forma de testimonio personal: "Pero yo no conocí el pecado sino por la ley; porque tampoco conociera la codicia si la ley no dijera: No codiciarás. Mas el pecado, tomando ocasión por el mandamiento, produjo en mí toda codicia" (vv. 7, 8).

Fue la ley la que convenció a Pablo de la realidad del pecado. La ley define el pecado y hace que nos demos cuenta de él. Aparte de la ley el pecado existe pero no puede ser designado como "pecado". Puede haber microbios peligrosos en el aire, pero a menos que un instrumento los detecte, pasarán inadvertidos. La ley hace más que mostrarnos el pecado por lo que es. Provoca el pecado. El pecado aprovecha la oportunidad y despierta en la persona el deseo de hacer el mal.

Pablo suscitó una segunda pregunta, "¿Luego lo que es bueno [esto es, la ley], vino a ser muerte para mí? En ninguna manera" (v. 13). El pecado, no la ley, es el delincuente. Y Pablo afirmaba que por medio de la ley él se dio cuenta de lo excesivamente pecador que era el pecado. Suponga que el pecado pudiera llevar a cabo su obra sólo por medios pecaminosos. Eso sería ya suficientemente malo, pero un aspecto particularmente traicionero del pecado es que puede alcanzar su fin malvado por medio de lo que en sí es bueno. Puede tomar algo tan bueno como la ley de Dios y por medio de ello causar la muerte.

En este momento Pablo da un giro dramático del tiempo pasado al presente al continuar explicando la relación entre la ley y el pecado: "Porque sabemos que la ley es espiritual; mas yo soy carnal, vendido al pecado."

Un esclavo no puede actuar según su propia voluntad. Está obligado a obedecer a su amo. Sus nobles deseos serán anulados y aplastados por su propietario. Mediante esta analogía de esclavitud, Pablo explicó por qué era incapaz de

"Tomando ocasión"

La palabra traducida "ocasión" aquí y en el versículo 11 era usada en un contexto militar para designar una base de operaciones o un punto de partida desde el cual lanzar un ataque. "Un punto de partida desde el que lanzarse a cometer actos de pecado, excusas para hacer lo que ellos [aquellos que pecan] quieren hacer" A. T. Robertson.

Encontramos esta misma palabra en 2 Co. 5:12; 11:12, y en Gá. 5:13, donde Pablo enseñaba que la libertad cristiana puede muy fácilmente transformarse en licencia. En tal caso, una persona utiliza su libertad como trampolín para el pecado.
A.T. Robertson.

"Vendido al pecado"

Esta frase significa comprado y entregado al pecado, como un esclavo a un amo. Este mismo verbo es usado en Mt. 18:25 para describir a un deudor vendido en esclavitud.

Juan Calvino observó: "Esta obra de Dios no se completó el día que empezó en nosotros, sino que gradualmente aumenta, y por el progreso diario es llevada por grados a su plenitud."

Citado por Robert Mounce, *Romans* [Romanos], NAC, 151

obedecer la ley. Como esclavo del pecado, comprado por precio, tenía que cumplir las órdenes de su amo. No importa lo mucho que se deleitara en la ley de Dios, no tenía poder para cumplirla.

En los versículos 21–25 Pablo llevó al clímax el relato del conflicto en su vida entre la ley de Dios y la ley del pecado. Estas dos leyes contendían por el dominio sobre él. Pablo no ofrecía un campo de batalla neutral. En lugar de ello, estaba profundamente inclinado a favor de la ley de Dios, en la que se deleitaba. La ley le llamaba, y él aspiraba a cumplirla (v. 22).

Pero la ley del pecado no se lo permitiría. Esta horrible ley ajena hacía la guerra contra la ley de Dios en Pablo y le tomó cautivo (v. 23). Como prisionero, clamaba por liberación: "¡Miserable de mí! ¿quién me librará de este cuerpo de muerte?" (v. 24). Y en el mismo instante daba la respuesta triunfante: "Gracias doy a Dios, por Jesucristo Señor nuestro."

Romanos 7 no presenta un cuadro completo de la experiencia espiritual de Pablo. De hecho, sirve para preparar al lector para lo que sigue. Prepara el escenario para el triunfo del capítulo 8. Probablemente es verdad que en las vidas de la mayoría de los cristianos fervorosos se dan las dos condiciones que Pablo describe en una especie de ciclo. El reconocimiento de nuestra incapacidad para vivir a la altura de nuestros anhelos espirituales más profundos (cap. 7) nos lleva a acudir al Espíritu de Dios en busca de poder y victoria (cap. 8). El fallo en continuar confiando en el poder del Espíritu nos coloca de nuevo en una situación que invita a la derrota.

La santificación es un proceso gradual que de forma repetida lleva al creyente a esta secuencia recurrente del fracaso por depender de sí mismo al triunfo por medio del Espíritu que mora en él.

■ *Pablo se retrató a sí mismo y a todos los*
■ *creyentes como aquellos que anhelan vivir a*
■ *un nivel más alto. Pero se ven arrastrados*
■ *constantemente al abismo de la desobedien-*
■ *cia por el poder del pecado. Lucha y conflicto*
■ *son típicos de la experiencia cristiana, pero*
■ *derrota y desesperación no lo son. Por la*
■ *muerte y resurrección de Cristo, Dios ha*
■ *provisto para nosotros el poder para vivir en*
■ *la libertad del Espíritu.*

PREGUNTAS PARA GUIAR SU ESTUDIO

1. ¿Cómo puede uno llegar a estar "muerto a la ley"? Comente la metáfora de Pablo sobre el matrimonio.

2. ¿Cuál es la relación entre la ley y el pecado?

3. ¿Cuál es el nuevo camino en el Espíritu? ¿Cuál es su resultado?

4. En 7:21–25 Pablo describió un conflicto. ¿Cuál era esta lucha? ¿Cómo trata usted con este conflicto en su propia vida?

ROMANOS 8

Con el capítulo 8 llegamos a lo que se puede llamar la cumbre de inspiración del libro de Romanos. El tema de este capítulo es: "La vida en el Espíritu."

Romanos 8 no es mera teología. Al escribir Pablo, su pluma dio evidencia de que había tenido una experiencia de adoración profunda y espiritual.

LIBERACION DEL YUGO DE PECADO (8:1–11)

La nueva vida en el Espíritu, hecha posible por la fe en Jesucristo como Señor proporciona libertad de la antigua sumisión al pecado y la muerte. Pablo inició esta parte de su carta con una poderosa declaración de libertad: "Ahora, pues, ninguna condenación hay para los que están en Cristo Jesús, los que no andan conforme a la carne, sino conforme al Espíritu. Porque la ley del Espíritu de vida en Cristo Jesús me ha librado de la ley del pecado y de la muerte."

Note las dos leyes mencionadas en este pasaje: (1) La ley del Espíritu en Cristo, y (2) la ley del pecado y de la muerte (vv. 1, 2).

La ley del pecado y de la muerte. Pablo describe su obra en Ro. 7:14–25. Siempre está cerca, a la mano, dispuesta a cambiar cualquier deseo nuestro de obrar bien. Siempre hace una guerra implacable hasta que aprisiona a la persona que trata de cumplir la ley de Dios.

La ley del Espíritu. Esta ley rompe el dominio de la vieja ley del pecado y de la muerte. Mediante Jesucristo los hombres son hechos libres.

"Espíritu"

En Romanos 8 se menciona veintiuna veces la palabra *Espíritu* o *espíritu*. Al menos dieciocho y tal vez veinte de ellas son referencias al Espíritu Santo. Esto quiere decir que hay más referencias al Espíritu Santo en Romanos 8 que en cualquier otro capítulo de las cartas de Pablo (1 Co. 12 está en segundo lugar con 12). En Romanos 8 tenemos la discusión más completa de Pablo de la nueva vida en el Espíritu.

El versículo 3 nos dice cómo ocurre esto. El corazón del evangelio de la gracia de Dios se encuentra en este versículo. Las doctrinas de la Encarnación y la Expiación entran en juego aquí.

La Encarnación. Dios no es un padre airado a la espera de que su ira contra nosotros sea apaciguada por la intervención de un Hijo amante; en cambio Dios el Padre actúa a favor del hombre pecador enviando a su Hijo. Pablo describió la forma de la venida de Cristo como "en semejanza de carne de pecado"; esto es la Encarnación. Jesucristo, el Hijo de Dios, se hizo uno de nosotros en nuestra humanidad.

La expiación. Por medio de la muerte en sacrificio de Jesús en la cruz, Dios logró nuestra libertad condenando al pecado en la carne. En su muerte en la cruz Cristo cargó con toda la violencia del poder devastador del pecado.

Pablo recordó a sus lectores en el versículo 9 que no estaban bajo el control de su naturaleza pecaminosa. Por el contrario, sus vidas estaban bajo la dirección de Espíritu de Dios que moraba en ellos. Es más, el Espíritu que mora en él es la garantía de la resurrección futura para el creyente (v. 11).

■ *La nueva vida en el Espíritu, hecha posible*
■ *por la fe en Jesucristo como Señor, nos hace*
■ *libres de nuestra antigua sumisión al pecado*
■ *y la muerte. Los cristianos controlados por el*
■ *Espíritu de Dios pueden experimentar vida y*
■ *fortaleza en los conflictos contra el pecado.*

HIJO: UNA RELACION PERSONAL INTIMA (8:12–17)

Pablo cambia ahora al tema de lo que significa ser hijo. Trata de la *prueba* de ser hijo, del *privilegio* de ser hijo, y de la *seguridad* de ser hijo.

La prueba de ser hijo (v. 14)

"Porque todos los que son guiados por el Espíritu de Dios, éstos son hijos de Dios" (v. 14). Una respuesta día a día a la dirección del Espíritu Santo indica a quién pertenecemos, porque seguimos a aquél a quien pertenecemos. Este es un criterio más fiable que nuestros altibajos emocionales. Exaltación de espíritu sin obediencia es un fraude.

El privilegio de ser hijo (v. 15)

Pablo contrastó las ideas de esclavitud y adopción como hijos. Recordó a sus lectores que al volverse a Cristo no estaban esclavizados una vez más por el temor. Por el contrario, el espíritu que recibían era el conocimiento de que habían sido adoptados como hijos de Dios. Debido a esto, tenían el privilegio de dirigirse a Dios como "¡Abba, Padre!"

El privilegio envuelve también responsabilidad. Pablo recordó a sus hermanos cristianos que la seguridad de la resurrección por el Espíritu que moraba en ellos, les colocaba en la obligación de ser guiados por el Espíritu de Dios y no por su naturaleza pecadora.

La seguridad de ser hijo (v. 17)

Como hijos de Dios somos "coherederos con Cristo, si es que padecemos juntamente con él, para que juntamente con él seamos glorificados". Observe aquí el énfasis de Pablo en compartir los sufrimientos de Cristo (ver también Fil. 1:29; 3:10; Col. 1:24). Estos no son las adversidades debidas a nuestra humanidad

"¡Abba, Padre!"

Abba es la palabra aramea para padre. Es el término íntimo y cariñoso por el que el hijo en un hogar hebreo se dirigía a su padre. Este término se encuentra sólo tres veces en el Nuevo Testamento: Gálatas 4:6; Mr. 14:36; y en este pasaje. En Marcos 14:36 Jesús lo empleó para clamar a Dios en Getsemaní. Ningún término sirve mejor que *Abba* o *Padre* para definir la relación tierna y personal con Dios que su gracia ha hecho posible.

común, tales como enfermedades, aflicciones o la pérdida de empleo durante una recesión. Antes bien, son los sufrimientos que vienen por seguir a Cristo.

■ *En contraste con el control del pecado, los*
■ *creyentes han recibido el Espíritu de adop-*
■ *ción y pueden acercarse a Dios de forma ín-*
■ *tima. El sufrimiento presente es sólo un*
■ *preludio para ser glorificados juntamente*
■ *con Cristo.*

Habiendo mencionado en el versículo 17 que el sufrimiento acompaña al ser miembro de la familia de Dios, Pablo establece a continuación tres bases de estímulo: (1) La gloria que será revelada (18:25); (2) la ayuda del Espíritu Santo (vv. 26, 27); y (3) el hecho de que todas las cosas ayudan a bien (vv. 28–30).

LA ESPERANZA DEL TRIUNFO FINAL (8:18–25)

Pablo contrastó el sufrimiento de los creyentes que es característico de la era presente con la gloria que será suya en el futuro. En los versículos 19–22 describió la implicación de la creación tanto en la sumisión del hombre al pecado como en su esperanza de redención. Génesis 3:17–19 proporciona el trasfondo para esta discusión. Pablo hizo tres declaraciones sobre la creación:

1. Espera anhelante la revelación de los hijos de Dios.

2. Fue sujeta a vanidad, no voluntariamente, sino por voluntad de Dios.

3. Está destinada a ser liberada de la esclavitud de la degradación y compartir la gloriosa libertad de los hijos de Dios.

En los versículos 23–25 Pablo resumió su consideración de las pruebas presentes del creyente. Como la creación, también gemimos dentro de nosotros mientras esperamos el día final. Los creyentes gemimos por la adopción plena como hijos que tendrá lugar en la resurrección. Y lo hacemos como quienes ya han recibido "las primicias del Espíritu". Esto es la garantía de Dios para nuestro pleno triunfo con Cristo al final. En el presente esto es una esperanza que aguardamos con paciencia (vv. 24, 25).

"Primicias del Espíritu"

Pablo usó el término *primicias* (primeros frutos) con referencia al don del Espíritu como garantía (ver 2 Co. 5:5, donde el Espíritu es dado como "las arras del Espíritu" en garantía de lo que ha de venir). El Espíritu es evidencia de que en el tiempo presente somos los hijos de Dios (Ro. 8:14, 16). El es el anticipo de la herencia que nos pertenecerá como hijos de la familia de Dios.

"El Espíritu Santo vino en el gran Pentecostés y sus bendiciones continúan como se ve en 1 Co. 12–14, en los dones morales y espirituales de Gál. 5:22ss. Y dones aun más grandes han de venir, 1 Co. 15:44ss."

A. T. Robertson

■ *La esperanza transforma el sufrimiento.*
■ *Pablo señaló el anhelo de la creación por ser*
■ *redimida y a los creyentes esperando con*
■ *deseo su adopción y redención últimas. Aquí*
■ *vemos el plan de Dios de sufrimiento reden-*
■ *tor moviéndose hacia su cumplimiento al fi-*
■ *nal de las edades.*

AYUDA EN ORACION POR LA INTERCESION DEL ESPIRITU (8:26, 27)

Otro beneficio de la nueva vida en el Espíritu es que es accesible en el punto en que más lo necesitamos: en nuestras oraciones.

La esperanza nos guía a través de nuestras horas de sufrimiento (vv. 24, 25). El Espíritu viene también en nuestra ayuda cuando nos sentimos incapaces de orar como debiéramos. La oración ha sido siempre uno de los grandes misterios de la vida espiritual. Entendemos que Dios está escuchando, pero tenemos un sentido de inseguridad cuando estamos dudosos sobre cómo orar o por qué orar. Por ejemplo, ¿cuantas veces nos hemos preguntado cómo orar por un amigo que sufre una enfermedad grave?

Cuando nuestra falta de fe socava la seguridad en la oración, el Espíritu mismo intercede por nosotros. Tan intensa es la oración del Espíritu que Pablo la describe como "gemidos indecibles". Podemos estar seguros de que Dios entiende lo que el Espíritu desea, aun cuando sea inexpresable en términos humanos. Ningún pasaje de la Biblia proporciona un incentivo mayor para la oración.

"Ayuda"

"El pequeño verbo *ayudar* (Ro. 8:26) traduce un gran verbo en griego. Sólo se usa en otro lugar del Nuevo Testamento, sólo cuando Marta pidió a María que la ayudara a preparar una comida (Lc. 10:40).

Dale Moody

■ *El Espíritu viene en ayuda de los creyentes*
■ *frustrados por la perplejidad de la oración y*
■ *presenta sus intereses a Dios con una inten-*
■ *sidad mucho mayor de lo que nunca podría-*
■ *mos imaginar. Nuestros gemidos se convierten*
■ *en suyos mientras intercede a nuestro favor de*
■ *acuerdo con la voluntad de Dios.*

EL CUIDADO PREDOMINANTE DE DIOS (8:28–30)

Llegamos a uno de los versículos favoritos de Romanos. Con cuánta frecuencia en tiempos de prueba se han vuelto los creyentes a las palabras tranquilizadoras de Pablo de que Dios no nos ha abandonado, sino que obra en todas las circunstancias de la vida: "Y sabemos que a los que aman a Dios, todas las cosas les ayudan a bien, esto es, a los que conforme a su propósito son llamados" (v. 28). Esta es una de las promesas más grandes de toda la Biblia.

Observe la frase que Pablo adjuntó a esta promesa: "Los que aman a Dios... a los que conforme a su propósito son llamados." Dios no sólo está obrando continuamente, sino que también aquellos para los que él obra están firmes en su amor por él.

El bien hacia el que Dios obra en todas las cosas es que todo creyente sea conformado a imagen de Cristo.

En el versículo 30 Pablo enlazó eternidad pasada y futura con su majestuoso resumen del propósito redentor de Dios.

El propósito redentor de Dios en Romanos 8:30

LA OBRA DE DIOS EN LA REDENCION	SIGNIFICADO
Predestinación	La gracia de Dios obrando antes de la fundación del mundo
Llamamiento	La gracia de Dios frente a nosotros
Justificación	La gracia de Dios haciéndonos justos ante él en medio de la historia
Glorificación	La gracia de Dios en la consumación de esta era

■ *Los creyentes pueden ganar confianza al sa-*
■ *ber que Dios está a su favor. Todo lo que les*
■ *ocurre está en la mano soberana de Dios, que*
■ *obra en todo de forma que "a los que aman a*
■ *Dios todas las cosas les ayudan a bien".*

SEGURIDAD DE LA SALVACION (8:31–39)

Predestinación, llamamiento, justificación y glorificación: Estos grandes términos comprenden el campo de acción del propósito redentor de Dios. Tras haber presentado el propósito redentor de

Dios en el versículo 30, Pablo preguntó "¿Qué, pues, diremos a esto?" Su contestación nos proporciona el pasaje más grande sobre la seguridad cristiana en la Biblia. Las siguientes seguridades forman el fundamento sólido de nuestra confianza. Nuestra seguridad está basada en:

1. La gran inversión que Dios ha hecho ya en nuestra redención (vv. 31, 32).

2. La absolución de Dios y la continua intercesión de Cristo por nosotros (vv. 33, 34).

3. El amor de Dios por nosotros en Cristo, que garantiza que nada será capaz de separarnos de él (vv. 35–39).

Después de enumerar las diversas calamidades que han asaltado al pueblo de Dios (vv. 35, 36), Pablo afirmó: "Somos más que vencedores por medio de aquel que nos amó." Esta declaración proporciona el fondo para una de las más grandes afirmaciones de fe en Dios:

> "Para Pablo no es el destino, ni las estrellas, ni los poderes angélicos, ni el cielo o el infierno los que determinan las vidas de los creyentes; en lugar de ello, lo hace la fidelidad de Jesús."
>
> Craig S. Keener

Por lo cual estoy seguro de que ni la muerte, ni la vida, ni ángeles, ni principados, ni potestades, ni lo presente, ni lo por venir, ni lo alto, ni lo profundo, ni ninguna otra cosa creada nos podrá separar del amor de Dios, que es en Cristo Jesús Señor nuestro (vv. 38, 39).

■ *Los creyentes pueden esperar dificultades en*
■ *esta era; pero pueden tener la certeza de que*
■ *nada será capaz de separarles del amor de*
■ *Dios. Este reconocimiento de victoria pre-*
■ *sente y esperanza futura, debidas a los actos*
■ *de gracia de Dios en Jesús, inspiraron a Pa-*
■ *blo para la alabanza y adoración extáticas*
■ *de Dios.*

PREGUNTAS PARA GUIAR SU ESTUDIO

1. ¿Qué grandes estímulos le son prometidos al creyente en el capítulo 8? ¿Cómo le anima a usted cada uno?
2. ¿Qué significa la condición de "hijo" para el creyente? ¿Qué incluye? ¿Qué requiere de nosotros?
3. ¿Qué quiere decir Pablo con "las primicias del Espíritu"?
4. ¿Cuál es la base de nuestra propia seguridad de salvación?

ROMANOS 9

La conclusión triunfante de Romanos 8 volvió a una clave menor al pensar Pablo en Israel y su rechazo del Mesías de Dios.

Romanos 9–11 es mejor leerlo y releerlo como una unidad. Estos tres capítulos empiezan con un lamento pero terminan con una doxología.

EL LAMENTO DE PABLO (9:1–5)

Compasión fundamental (vv. 1–3)

Cuando Pablo pensaba en su pueblo y su alienación de Dios, sentía una tristeza abrumadora. Situándose a sí mismo bajo un solemne juramento, descubre su angustia a favor de ellos (vv. 1, 2).

A. T. Robertson dijo que la tristeza que sentía Pablo al pensar en sus hermanos era aniquiladora.

A. T. Robertson

¿Cuán profunda era la compasión de Pablo por su pueblo? Estaba dispuesto a perder su propia esperanza en Cristo si con ello pudiera beneficiarles. Esto es compasión en su forma suprema. El amor no conoce mayor expresión que esta. Ser un apóstol a los gentiles no suponía una merma en el interés de Pablo por la salvación de sus compatriotas judíos.

Las ventajas de los judíos (vv. 4, 5)

En los versículos 4, 5, Pablo anotó varias ventajas de los judíos que hacían su rechazo aun más trágico:

- Eran israelitas.
- Estaban adoptados como hijos.
- Experimentaron la gloria de Dios.
- Eran participantes del pacto con Dios.
- Tenían le ley de Dios.
- Tenían la adoración del templo.
- Tenían las promesas de Dios.
- Eran descendientes de los patriarcas.
- Eran el pueblo por medio del cual fue dado el Mesías.

La posición de Pablo respecto a Israel era similar a la de Moisés cuando Israel hizo el becerro de oro. "Que perdones ahora su pecado, y si no, ráeme ahora de tu libro que has escrito" (Ex. 32:32).

A pesar de todas estas ventajas de bendiciones especiales de Dios a lo largo de su historia, los judíos no reconocieron a Jesús como el Mesías. Como pueblo, le rechazaron.

■ *El corazón de Pablo estaba cargado de triste-*
■ *za porque su propio pueblo desdeñó la libe-*
■ *ración de Dios mediante la fe en Jesucristo.*

LA SOBERANIA DE DIOS (9:6–29)

El "Israel" dentro de Israel (vv. 6–13)

Pablo insistía en que la palabra de Dios no había fallado, a pesar de que la mayoría de Israel no había creído en Jesucristo. Esto era verdad porque las promesas de Dios no eran dirigidas a todos los que se podían vanagloriar de ser descendientes raciales de Abraham. Ellos constituían el "Israel" dentro de Israel.

Ismael era tan hijo de Abraham como Isaac. Pero ningún judío consideraba a los ismaelitas como hijos de la promesa de Dios a Abraham.

La soberanía es la enseñanza bíblica de que Dios es la fuente de toda creación y de que todas las cosas vienen de él y dependen de él (Sal. 24:1). La soberanía significa que Dios está en todo y por encima de todo.

La relación de pacto continuó por la línea de Isaac.

En los versículos 10–13 Pablo explicó la elección que hizo Dios de Jacob por encima de Esaú. Ambos hijos tenían el mismo padre y la misma madre. Rebeca concibió a ambos de Isaac (v. 10). Además, Dios eligió a Jacob, el gemelo más joven, en vez de a Esaú antes de que nacieran (v. 11). Así, la selección no podía haberse basado en sus obras buenas o malas.

La libertad absoluta de Dios (vv. 14–18)

El comportamiento de Dios con respecto a Jacob puede haber parecido injusto. Pablo anticipó una posible acusación de injusticia contra Dios, pero la rechazó rápidamente (v. 14). El citó el mensaje de Dios a Moisés: "Tendré misericordia del que yo tenga misericordia, y me compadeceré del que yo me compadezca" (v. 15). No es el ejercicio de la voluntad del hombre ni sus esfuerzos lo que impulsa a Dios a detener su juicio; es su misericordia (v. 16).

"Y descendí a casa del alfarero, y he aquí que él trabajaba sobre la rueda. Y la vasija de barro que él hacía se echó a perder en su mano; y volvió y la hizo otra vasija, según le pareció mejor hacerla. Entonces vino a mí palabra de Jehová, diciendo: ¿No podré yo hacer de vosotros como este alfarero, oh casa de Israel? He aquí que como el barro en la mano del alfarero, así sois vosotros en mi mano, oh casa de Israel" (Jer. 18:3–6).

Lo opuesto a mostrar misericordia con el pecador es endurecerle el corazón. Mientras la palabra de Dios a Moisés es un ejemplo de lo primero (mostrar misericordia), sus tratos con Faraón nos dan un ejemplo de lo último (v. 17). Pablo atribuyó tanto el hacer misericordia como el endurecimiento del corazón del pecador a la voluntad soberana de Dios (v. 18). La gracia no viene como algo que se debe: es un obsequio. Debe serlo o no sería gracia.

El "Israel" más allá de Israel (vv. 19–29)

Esta es una enseñanza extraordinariamente difícil y Pablo se sintió en la necesidad de permitir a su oponente imaginario forzar aun más su argumento: "¿Por qué, pues, inculpa? porque ¿quién ha resistido a su voluntad?" (v. 19). A esta pregunta pertinente, Pablo dio una réplica cortante (v. 20). Afirmó el derecho del alfarero a hacer vasijas según su elección de la misma masa de barro. Esto era cierto tanto si las vasijas eran hechas para un uso exaltado como para un uso humilde (v. 21).

Contra este fondo Pablo hizo la larga e hipotética pregunta de los versículos 22–24. ¿Qué si Dios ejecuta su juicio sobre objetos de ira a fin de mostrar su gloria a aquellos que ha preparado para ser objetos de misericordia? Pablo no se detuvo en este punto para contestar su pregunta. Pero del tono de la pregunta y del contexto esperaríamos que Pablo contestara algo como: "Dios es Dios. ¿Quién está capacitado para evaluar sus decisiones y acciones?"

Esto está en contraste con el concepto griego de Dios expresado en el *Euthyphro* de Platón. Sobre este concepto de bien y mal, justicia e injusticia eran ideas separadas de Dios. Por esa razón, las acciones de Dios podían ser evaluadas con referencia a estas ideas.

En los versículos 25, 26 Pablo acudió a varios pasajes del Antiguo Testamento para mostrar: (1) que algunos gentiles están incluidos en los planes redentores de Dios, y (2) que sólo un remanente de creyentes judíos será preservado.

Confirmación en el Antiguo Testamento del plan redentor de Dios

PASAJE	ACCION	CONFIRMACION DEL ANTIGUO TESTAMENTO
Romanos 9:25, 26	La redención incluye a gentiles	Oseas 2:23; 1:10
Romanos 9:27–29	El remanente de Israel será salvo	Isaías 10:22, 23; 1:9

■ *Pablo describió la elección soberana de Dios*
■ *de su pueblo. Todo lo que ha tenido lugar en*
■ *la historia redentora ha sido debido a la fi-*
■ *delidad de Dios a las promesas que hizo a*
■ *Abraham y a sus descendientes. Dios había*
■ *elegido a Israel para servir a sus propósitos*
■ *como Señor sobre todo.*

Nota: Romanos 9:30–33 es parte de la discusión del capítulo 10 y debe estudiarse como una unidad con el capítulo 10. Estos versículos están comprendidos en el capítulo siguiente.

PREGUNTAS PARA GUIAR SU ESTUDIO

1. ¿Cómo afectó a Pablo la alienación de su pueblo, los judíos? ¿Cuál fue su actitud hacia ellos?

2. ¿Qué añadió a la tragedia del rechazo de Jesucristo por los judíos?

3. ¿Qué quiso decir Pablo cuando declaró que Dios es soberano?

4. En apoyo de su argumento, Pablo aportó confirmación del Antiguo Testamento sobre el plan redentor de Dios. ¿Por qué lo hizo? ¿Cómo pudo esta confirmación impactar en su auditorio judío?

- - - - - - - - - - - - - -

Llegamos ahora a la segunda parte de la discusión de Pablo sobre la relación de los judíos con el evangelio de la justificación por fe. Los últimos tres versículos del capítulo 9 son parte de la discusión de Pablo del capítulo 10 y deberían ser estudiados como una unidad con el capítulo 10.

En los versículos anteriores del capítulo 9, Pablo recordó a sus lectores que los judíos no podían establecer una pretensión legítima del favor de Dios basada en su herencia nacional. Su historia demostró que Dios lleva a cabo sus propósitos con una libertad no limitada por nociones humanas de lo que debe ser. Aquí Pablo mostró que los judíos mismos eran responsables de su rechazo.

LA PIEDRA DE TROPIEZO (9:30–33)

Pablo señaló otra injusticia aparente respecto a Israel y a continuación dio una explicación. Los gentiles, que no perseguían la justicia, la habían conseguido por fe, mientras Israel, que había ido tras la justicia basada en la ley, no llegó a alcanzarla (vv. 30, 31). Israel no entendió la forma de Dios de poner a las personas en orden con él. Ellos creían que podían reconciliarse con Dios por sí mismos mediante el cumplimiento de la ley. Esta creencia les impidió ver las numerosas formas en que no alcanzaban a cumplir la ley.

Un buen ejemplo de la actitud de justicia por el cumplimiento de la ley se ve en la parábola que contó Jesús sobre un fariseo que oraba: "Dios, te doy gracias porque no soy como los otros hombres, ladrones, injustos, adúlteros, ni aun como este publicano." Jesús dijo que la oración del hombre era para sí mismo. Lucas señaló que

"Piedra de tropiezo"

Una piedra de tropiezo es cualquier cosa que haga a una persona tropezar o caer. Aunque este término es usado a veces literalmente en la Biblia, se usa más a menudo como metáfora. Se usa como metáfora de ídolos, de la obra de Dios con personas sin fe, y del mismo Dios en relación con su pueblo. Se advierte a los desobedientes que Jesús mismo podría ser piedra de tropiezo (Ro. 9:32, 33). La palabra griega *skandalon* era usada para la "varilla del cebo" en una trampa, la parte de la trampa donde se colocaba el cebo. También era usada simbólicamente para la trampa misma. En Ro. 9:33, es "roca de caída". La palabra vino a referirse a "tentación a pecar" o "tener fe falsa".

Pablo conocía de primera mano este celo que no era informado por el conocimiento. Aquí se lo describe a los Gálatas: "Porque ya habéis oído acerca de mi conducta en otro tiempo en el judaísmo, que perseguía sobremanera a la iglesia de Dios, y la asolaba; y en el judaísmo aventajaba a muchos de mis contemporáneos en mi nación, siendo mucho más celoso de la tradiciones de mis padres" (Gá. 1:13, 14).

Jesús dijo esta parábola "a unos que confiaban en sí mismos como justos y menospreciaban a los otros" (Lc. 18:9–14).

■ *La negativa de Israel a creer en Jesucristo fue*
■ *la razón de su rechazo. El fue la piedra de*
■ *tropiezo en la que ellos habían tropezado y*
■ *caído. La justicia viene por fe y fe sola.*

LAS DOS FORMAS DE BUSCAR UNA POSICION CORRECTA CON DIOS (10:1–17)

Como había hecho en Ro. 9:1–5, Pablo manifestó de nuevo su interés por la salvación de su pueblo. El dio testimonio del celo de los judíos por Dios, pero lamentaba que no estaba iluminado. Ignorantes de la posición correcta hecha posible por fe, trataron de establecer su propia posición correcta con Dios cumpliendo la ley. No reconocieron que Cristo ponía fin a la ley como medio de conseguir la justicia para todo el que cree (Ro. 10:4; 3:21; Gá. 3:19–4:7).

"Fin"

Un punto de vista alternativo de Romanos 10:4 propone que Cristo es el "fin" de la ley en el sentido de su propósito más bien que de su terminación. Así la ley tiene significado y cumplimiento en Cristo.

La ley, en lugar de proporcionar una forma de llegar a una posición correcta con Dios, finalizó en Cristo. "Cristo concede a quienes creen en El lo que ustedes están tratando de lograr por esfuerzo propio, pues Cristo es el fin de la ley" (v. 4, *La Biblia al Día*)

No había duda de que los hermanos judíos de Pablo eran celosos de Dios, pero desgraciadamente su celo no era guiado por el conocimiento. No tenían conocimiento válido del plan de Dios para proveer justicia. No reconocieron el camino de justicia de Dios, que Cristo es el fin de la ley.

A continuación Pablo contrastó el camino de la justicia por la ley frente a la justicia por fe. Citó a Moisés como diciendo que si una persona quiere ser justa basándose en la ley, debe vivir de acuerdo con la ley (Lv. 18:5). Anteriormente en Romanos había mostrado que esto era una imposibilidad. El camino de la justicia por fe reconocía y confiaba simplemente en lo que Dios había hecho.

Como no hay distinción entre judío y griego en cuanto a maldad (Ro. 3:22, 23), tampoco la hay entre ellos en cuanto a la salvación (Ro. 10:12; 3:29, 30). Fe es la clave. La fe viene por el oír. Si las personas oyen, alguien debe proclamar las buenas nuevas. Pablo finalizó esta sección con una cita de Joel 2:32, declarando las buenas nuevas de que "todo aquel que invocare el nombre del Señor, será salvo".

El camino de salvación

Romanos 10:9, 10 ha servido desde hace mucho como una de las porciones más útiles de la Biblia para señalar el camino de salvación: Confesar que Jesús es el Señor y creer de corazón que Dios le ha resucitado de los muertos. Esta creencia no es meramente un asentimiento verbal sino poner la propia vida en esta verdad.

En ningún otro lugar de la Biblia se presenta la visión universal de la salvación con mayor claridad. Aunque el plan redentor de Dios fue llevado a cabo en la historia por medio de una raza en particular, su propósito desde el principio era el beneficio de todas las personas.

UN PUEBLO DESOBEDIENTE Y CONTRADICTOR (10:18–21)

En este pasaje, Pablo establece un diálogo con alguien que era un abogado de Israel. Este abogado hizo tres preguntas destinadas a demostrar que Israel no era culpable de su relación rota con Dios. A cada una de estas preguntas Pablo contestó citando respuestas del Antiguo Testamento que demostraban que Israel no

La respuesta final tomada de Isaías 65:2 es punzante: "Todo el día extendí mis manos a un pueblo rebelde y contradictor."

tenía excusa. Era responsable de su rechazo. El mismo había rechazado la palabra de Dios.

■ El rechazo de Israel no tenía nada que ver
■ con la falta de oportunidades o incapacidad
■ para entender. Se basaba solamente en la
■ desobediencia voluntaria de la nación. Ellos
■ insistían en el mérito personal basado en las
■ obras como forma de ganar la aprobación de
■ Dios. Habían sido preparados para entender
■ que el requisito de Dios para la justificación
■ es la fe.

PREGUNTAS PARA GUIAR SU ESTUDIO

1. ¿Por qué era Jesucristo piedra de tropiezo para Israel?

2. Pablo describió dos formas de buscar la posición correcta ante Dios. ¿Cuál es el camino de salvación? ¿Por qué fracasa el camino de la ley?

3. ¿Cuáles fueron las tres objeciones del oponente imaginario de Pablo que defendía a Israel? ¿Cómo respondió Pablo a estas objeciones? ¿Cuál es la enseñanza de esta respuesta a las tres?

4. Pablo utilizó Is. 65:2 para ilustrar la explicación auténtica del rechazo del evangelio por Israel. ¿Quién era responsable del rechazo de Israel?

Pablo empezó este pasaje con una pregunta retórica: "¿Ha desechado Dios a su pueblo?", y su respuesta enfática: "En ninguna manera." Siguió su respuesta con una discusión del remanente de Israel, la evangelización de los gentiles y los celos de Israel por el éxito de la misión gentil, y la vuelta final de Israel a Cristo.

EL REMANENTE (11:1–10)

Pablo continuó con su negación enfática de que Dios hubiera rechazado a su pueblo señalándose a sí mismo como un judío que había llegado a una relación correcta con Dios. Después de todo, Pablo mismo era un israelita. Era descendiente del gran patriarca Abraham y miembro de la tribu de Benjamín. Así, el rechazo de Israel era parcial más bien que total. Había un remanente de judíos creyentes, y Pablo era uno de ellos. A pesar de que Israel había sido desobediente y obstinado, no había sido repudiado como nación.

Si Dios hubiera rechazado a la nación entera de Israel, Pablo no hubiera podido pretender una posición correcta ante Dios. La verdad es que Dios no había rechazado a quienes había elegido como su pueblo especial.

Pablo encontró evidencia para su enseñanza sobre el remanente en la experiencia de Elías. En un tiempo de crisis nacional, el profeta se había quejado a Dios de que él era el único que había permanecido fiel. Dios dijo entonces a Elías que había siete mil hombres que no habían doblado su rodilla ante Baal (ver 1 R. 19:18).

Al hacer su aplicación, Pablo declaró: "Así también aun en este tiempo ha quedado un rema-

"El remanente"

"El remanente" está compuesto por las personas justas que quedaron después del juicio divino. Los relatos del Antiguo Testamento son abundantes. Por ejemplo, Noé y su familia pueden entenderse como supervivientes, o como el remanente de un juicio divino en el diluvio (Gn. 6:5–8; 7:1–23). En el Nuevo Testamento, Pablo citó (Ro. 9:25–33) a los profetas Oseas e Isaías para demostrar que la salvación de un remanente entre el pueblo judío seguía siendo parte del método del Señor para redimirlos. Habría siempre un futuro para cualquiera de entre el pueblo del pacto que acudiera al Señor en busca de salvación.

nente escogido por gracia. Y si por gracia, ya no es por obras; de otra manera la gracia ya no es gracia" (Ro. 11:5, 6).

■ *Pablo enseñó que, dado que un remanente de*
■ *Israel había creído el evangelio, eso era una*
■ *indicación clara de que Israel como un todo*
■ *creería aún.*

LA SALVACION DE LOS GENTILES (11:11–24)

La descripción del endurecimiento del incrédulo Israel en los versículos precedentes provocó en Pablo una nueva pregunta: "¿Han tropezado los de Israel para que cayesen?" Su pregunta era si el fallo de Israel en creer le iba a llevar a la ruina. ¿Habían tropezado de forma irreversible? Una vez más la respuesta era: "En ninguna manera."

Los versículos 11 y 12 revelan los puntos principales de la discusión de Pablo para el resto del capítulo:

"Olivo verde, hermoso en su fruto y en su parecer, llamó Jehová tu nombre. A la voz de recio estrépito hizo encender fuego sobre él, y quebraron sus ramas" (Jer. 11:16).

1. Por el incumplimiento de Israel, la salvación llegó a los gentiles.
2. Por la salvación de los gentiles, Israel fue movido a celos.
3. Por la inclusión de Israel, vendrán grandes bendiciones para todos. El rechazo de Israel no fue sólo *parcial*; fue también *temporal*.

En los versículos 17–24, Pablo usó la alegoría de un olivo para advertir a los gentiles contra la jactancia. El olivo representaba al verdadero Israel. Los judíos incrédulos eran las ramas verdaderas que habían sido desgajadas. Los gentiles eran las ramas del olivo silvestre que habían sido injertadas en su lugar. Note las razones que Pablo dio a los gentiles para que no se jactaran por encima de los judíos:

1. Debían recordar que eran brotes silvestres que habían sido injertados (vv. 17, 18).

2. Debían entender que las ramas naturales fueron desgajadas a causa de su incredulidad, teniendo cuidado de no jactarse en cuanto a Dios (vv. 19–22).

3. Deberían darse cuenta de que Dios tenía el poder de volver a injertar las ramas naturales en el olivo, contando con que no persistieran en su incredulidad (vv. 23, 24)

■ *Aunque Dios podía haber rechazado tempo-*
■ *ralmente a Israel, no lo había rechazado de*
■ *forma definitiva o irrevocable. Cuando Israel*
■ *rechazó el mensaje de Dios, se dio la opor-*
■ *tunidad a los gentiles de que fueran injerta-*
■ *dos en el árbol. Los gentiles, sin embargo,*
■ *fueron advertidos de que no se mostraran*
■ *orgullosos a causa de su aceptación, sino hu-*
■ *mildes para confiar en la gracia de Dios.*

LA SALVACION DE ISRAEL (11:25–36)

Los versículos 25, 26 necesitan ser entendidos en el contexto más amplio de lo que Pablo ha estado diciendo sobre Israel como nación. Aquí Pablo se atrevió a anunciar que todo Israel sería salvo.

¿Cuál era la base para tal afirmación? Pablo lo califica de "misterio", un conocimiento especial del plan salvador de Dios dado a él por revelación. El contenido de la revelación era que un endurecimiento había venido sobre una parte

"Misterio"

El Nuevo Testamento usa la palabra *misterio* unas veinticinco veces, veintiuna de las cuales se encuentran en los escritos de Pablo. El "misterio" del Nuevo Testamento se ha definido como "un secreto abierto". Cosas mantenidas secretas previamente en el propósito eterno de Dios han sido o están siendo reveladas ahora (Ef. 3:3–5; 1 Co. 2:7, 8). El misterio del Nuevo Testamento aparece en la actividad histórica de la persona de Jesucristo (Col. 2:2; Ef. 1:9); el Cristo que mora dentro es la esperanza de gloria (Col. 1:26, 27). El misterio es recibido espiritualmente (Ef. 3:4, 5) y manifestado en la proclamación del evangelio (Ef. 6:19). Parte del misterio comprende la revelación que los gentiles comparten en las bendiciones del evangelio (Ef. 2:11–13).

de Israel "hasta que haya entrado la plenitud de los gentiles".

La salvación de Israel será sobre las mismas bases que todas las demás personas: Responder en fe al perdón hecho posible por la muerte y resurrección de Jesucristo.

Se ha escrito mucho acerca de ese "misterio". Los intérpretes difieren ampliamente en su entendimiento de este difícil pasaje. La interpretación más probable de la frase "todo Israel" es que indica una gran vuelta de Israel a Cristo, sin especificar la conversión de cada judío individual, tal como "la plenitud de los gentiles" no significa que todos los gentiles serán salvos. Pablo tuvo la visión de una gran vuelta a Cristo por parte del pueblo judío. Además, él esperaba probablemente que esto tuviera lugar durante el tiempo de su vida.

Con este resumen de los caminos de gracia de Dios para con los hombres, Pablo rompe en alabanza. Esta doxología, que muchos piensan que fue escrita por el mismo Pablo, da un final apropiado a la sección doctrinal de Romanos y una transición efectiva a la enseñanza del apóstol sobre las implicaciones prácticas del evangelio.

El ensalzó la profundidad de la riqueza, sabiduría y conocimiento de Dios. ¿Quién sino Dios podía haber concebido un plan que transformara la desobediencia en ocasión para la misericordia, con un alcance universal para todos los que creyeran?

Es Dios quien ha puesto todo en movimiento por su palabra creadora. El es la fuente, el agente y la meta de todo lo que existe. Todas las cosas tienen su origen en él. Por él, todo lo que existe es mantenido y dirigido, todo existe para su gloria. Por lo tanto, ¡a él sea la alabanza y la gloria por siempre! Amén.

"Misterio"

Este misterio del que hablaba Pablo en este pasaje no lo era en el sentido pagano de una doctrina esotérica para iniciados o un secreto desconocido (2 Ts. 2:7), o como las religiones de misterio de su tiempo. Antes bien, este misterio era la voluntad revelada de Dios dada a conocer ahora a todos (1 Co. 2:1, 7; 4:1) que incluía gentiles (Ro. 16:25; Col. 1:26ss.; Ef. 3:3ss.). Era superior a la sabiduría humana (Col. 2:2; Ef. 3:9; 5:32; 6:19; Mt. 13:11; Mr. 4:11).

■ *Pablo anunció con osadía que todo Israel*
■ *sería salvo. Describió esto como un "miste-*
■ *rio". Este misterio significaba que un en-*
■ *durecimiento llegaría a una parte de Israel*
■ *hasta que haya venido a Cristo "la plenitud*
■ *de los gentiles". Tras esta afirmación Pablo*
■ *rompió en alabanzas por la sabiduría y el*
■ *conocimiento de Dios.*

PREGUNTAS PARA GUIAR SU ESTUDIO

1. ¿Cuál fue el resultado del rechazo de Israel?

2. Defina el concepto de "remanente". ¿Cómo se relaciona con el rechazo de Israel?

3. ¿Qué es el "misterio" de que habló Pablo?

4. La doxología de Pablo alababa a Dios por su plan de transformar la obediencia en una ocasión para su misericordia. ¿Qué revela esta doxología sobre la mente y atributos de Dios?

ROMANOS 12 ·······················

Hemos seguido la presentación que hace Pablo del evangelio en los primeros once capítulos de Romanos. Ahora llegamos a la última división principal de la carta (12:1–15:13), donde Pablo aplica el evangelio a la vida diaria. Estos cuatro capítulos proporcionan el patrón de discipulado para los creyentes.

En este capítulo Pablo trata del llamamiento a compromiso, dones espirituales y relaciones personales.

LLAMADOS A UN COMPROMISO (12:1, 2)

Cuando nos encontramos con "Así que", se nos dirige a mirar a lo que ha venido antes y a lo viene después y a discernir la conexión entre ambos.

El mayor sacrificio: Nosotros mismos (v. 1)

Pablo utilizó el lenguaje del altar para exhortar a sus lectores a un compromiso costoso. Los desafió a que ofrecieran sus cuerpos como sacrificio a Dios Este sacrificio debía ser un "sacrificio vivo, santo, agradable a Dios". Estas tres cualidades describen el sacrificio del creyente:

1. *Es vivo.* Este concepto puede proporcionar un contraste con los cuerpos muertos de sacrificios animales, o podía indicar la nueva vida que el creyente tiene en Cristo.
2. *Es santo.* El cristiano es apartado para Dios y pertenece a Dios.
3. *Es agradable a Dios.* Los sacrificios ofrecidos a Dios no son suficientes por sí mismos. Las ofrendas deben ser aceptables para él.

La motivación más grande: Las misericordias de Dios (v. 1)

Ninguna demanda mayor se le puede hacer a un creyente que subir al altar de Dios como un sacrificio vivo. La motivación, por lo tanto, debe ser igual a la demanda. Pablo apela a la motivación correcta con las palabras: "por las misericordias de Dios". Si el agradecimiento a Dios por sus misericordias no impulsa nuestra devoción hacia él, nada lo hará. Pablo nunca degradó el evangelio diluyendo su llamamiento al compromiso.

■ *Pablo llamó a sus lectores a comprometerse*
■ *como sacrificios vivos a Dios. Este compro-*
■ *miso es un acto espiritual de adoración.*

La mayor amenaza: La presión para que nos conformemos a este mundo (v. 2)

El versículo 2 habla de dos actividades en marcha que llevan a cabo la intención del sacrificio vivo. La primera es negativa; la segunda, positiva:

1. *"No os conforméis a este siglo."* Los creyentes no deben seguir conformándose a esta era presente. Esta era presente es opuesta al mundo por venir.

2. *"Transformaos." Transformación* es la expresión externa de lo que surge del interior. En vez de permitir que el mundo nos meta a presión dentro de su propio molde, Pablo dijo a sus lectores: "transformaos por medio de la renovación de vuestro entendimiento." Hay una presión continua para que adoptemos las costumbres y comportamiento del mundo en el que vivimos. Aunque la influencia debe ser rechazada, esto solo nunca producirá la clase de cambio que Dios tiene en mente para sus seguidores. El cambio

Como ciudadanos del cielo (Fil. 3:20) hemos de poner "la mira en las cosas de arriba, no en las de la tierra" (Col. 3:2). Pablo recordó a los gálatas que la era (siglo) presente es mala (Gá. 1:4). Esta era no puede servir como modelo para la vida cristiana. Sus valores y metas no apoyan el crecimiento en santidad.

auténtico viene de dentro; debemos dejarnos transformar.

El mayor descubrimiento: La voluntad de Dios (v. 2)

El propósito de transformación por la renovación de nuestro entendimiento es que podamos ser capaces de comprobar "cuál sea la buena voluntad de Dios".

"Comprobar"

La palabra *comprobar* describe la prueba del oro por fuegos de purificación (1 P. 1:7).

El mayor descubrimiento de todos es la voluntad de Dios. La voluntad de Dios es buena, agradable y perfecta:

1. Es *buena* porque produce crecimiento moral y espiritual.
2. Es *agradable* porque es una expresión de la naturaleza de Dios.
3. Es *perfecta* (completa) en que nadie puede mejorar lo que Dios quiere que suceda.

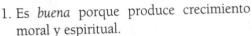

■ *Los creyentes viven como hombres y mujeres*
■ *de dos eras: Testificando a la que está mu-*
■ *riendo y caminando hacia la que está*
■ *amaneciendo. Pero al mundo no le gusta esto*
■ *y ejerce una presión implacable sobre los*
■ *cristianos para conformarlos a sus caminos y*
■ *valores moribundos. Por eso Pablo exhortó a*
■ *los cristianos de Roma a resistirse a los es-*
■ *fuerzos de una era pecadora para meterlos*
■ *en su molde. En lugar de ello, los creyentes*
■ *han de ser transformados por la renovación*
■ *de su entendimiento a fin de conocer lo que*
■ *Dios tiene en mente para ellos.*

LOS DONES ESPIRITUALES (12:3–8)

La naturaleza de la iglesia: Un cuerpo en Cristo (vv. 3–5)

Pablo era consciente de las consecuencias del orgullo en los creyentes. Por ello advirtió a los cristianos que no tuvieran de sí mismos un concepto más alto del que debían (v. 3), les recordó que eran miembros de un cuerpo (vv. 4, 5) y les animó a usar sus dones individuales para el beneficio de toda la iglesia (vv. 6–8).

Habían de pensar de sí mismos con "cordura".

Dios le había dado a cada miembro de la iglesia de Roma una medida de fe (ver 1 Co. 12:11; Ef. 4:7). Pablo les recordó que como el cuerpo físico estaba compuesto de muchos miembros que llevaban a cabo diferentes funciones, así los diferentes miembros forman un cuerpo en Cristo (ver 1 Co. 12:12–31; Ef. 4:25). Unidad en la diversidad es el tema que corre a través de esta sección. Así, sin embargo, la unidad que es espiritual era posible sólo porque los miembros estaban "en Cristo", es decir, unidos por fe como parte del cuerpo de Cristo.

La fe cristiana es esencialmente una experiencia corporativa. A pesar de que cada miembro del cuerpo llega a la fe por un acto de fe individual, la comunidad de creyentes vive su experiencia cristiana en mutuo compañerismo.

La variedad y uso de los dones espirituales (vv. 6–8)

Los dones espirituales son habilidades o poderes que el Espíritu Santo otorga a los creyentes a fin de equiparlos para el servicio. Estos dones son una parte importante del evangelio de gracia. Somos *salvos* por gracia; *crecemos* por gracia; y somos *dotados* por gracia. Salvación,

"Renovación de vuestro entendimiento"

La palabra renovar en griego es una palabra compuesta. Esta palabra compuesta se traduce "hacer nuevo" o "renovar". Renovar el entendimiento (o la mente) es ajustar la propia visión espiritual y pensar con la mente de Dios, que tiene un efecto transformador en la propia vida.

Una mente renovada se interesa en aquellos asuntos de la vida que tienen importancia duradera. Nuestros pensamientos tienden por naturaleza a ocuparse en el presente pasajero. Pero lo que pasa pronto es normalmente inconsecuente. Como Pablo explicó en 2 Co. 4:18: "Las cosas que se ven son temporales, pero las que no se ven son eternas." El entendimiento renovado nos permite discernir la voluntad de Dios. Liberados del control del mundo que nos rodea, podemos llegar a conocer lo que Dios tiene para nosotros.

"Pensar con cordura"

Robert Mounce
señaló que el uso de
este término sugiere
lo lejos del contacto
con la realidad que
estaban los cristianos
de Roma en sus
opiniones sobre sí
mismos. Dado que la
metáfora sugiere
locura, podemos decir
que estaban en
peligro de convertirse
en narcisistas.

crecimiento y servicio: una experiencia de la gracia de Dios de principio a fin.

Pablo mencionó siete dones diferentes y mostró cómo debían ser usados (ver 1 P. 4:10).

■ *Pablo recordó a sus oyentes que como el cuer-*
■ *po físico está compuesto de muchos miembros*
■ *que realizan diversas funciones, también en*
■ *Cristo los muchos miembros forman un cuer-*
■ *po. El don que ha recibido cada creyente es el*
■ *resultado del derramamiento por gracia de la*
■ *bendición de Dios sobre la iglesia.*

Dones espirituales en el cuerpo de Cristo

DON	COMO USARLO
Profecía	Comunicación de la verdad revelada que edifica a los creyentes.
Servicio	Servicio práctico para ayudar a otros.
Enseñanza	Proporcionar dirección e instrucción moral.
Repartir	Contribuir liberal y alegremente para las necesidades de otros.
Exhortación	Animar, confortar y exhortar a otros.
Dirigir	Servicio llevado a cabo en beneficio de otros.
Misericordia	Actividades útiles tales como alimentar a los hambrientos, cuidar de los enfermos y ancianos.

RELACIONES PERSONALES (12:9–21)

Instrucciones generales (vv. 9–13, 15, 16)

En ningún otro lugar de los escritos de Pablo encontramos una colección más concisa de mandamientos éticos. En estos versículos hay varias exhortaciones que van desde el amor de los cristianos a la hospitalidad con los extranjeros.

Pablo llamó la atención de sus oyentes hacia la primacía absoluta del amor auténtico. El amor debe ser auténtico no una forma de interpretar un papel teatral.

Pablo dice: "Aborreced lo malo, seguid lo bueno." No se puede hacer lo segundo sin hacer lo primero. Este conocimiento no lo capta nunca la permisividad. El amor fraternal ha de prevalecer, y hemos de honrar a otros por encima de nosotros mismos.

"Sin fingimiento"

En el versículo 9 la palabra traducida "sin fingimiento" es literalmente "sin hipocresía".

El amor tiene capacidad para identificarse con otros en sus alegrías o tristezas. Identificarse con las personas en sus tristezas es a veces más fácil que identificarse con ellas en sus alegrías, puesto que nunca envidiamos las calamidades de otros. El amor busca la armonía en todas las relaciones personales. Se asocia de buena gana con los humildes. La ausencia de orgullo ayuda a hacer esto posible.

Pablo exhortó a sus lectores a varias acciones:

No seáis perezosos (v. 11) En cualquier cosa que hagan los creyentes, deben poner todo el corazón y el alma.

Sed fervientes en espíritu (v. 11). Los creyentes deben resplandecer con el Espíritu. La presencia vivificadora del Espíritu Santo cambia de forma radical la manera en que la persona vive.

Servid al Señor (v. 11). Los cristianos deben servir al Señor. Este servicio no es un trabajo ingrato de ninguna manera.

Estad gozosos en la esperanza (v. 12). Los siervos de Dios se gozan continuamente en su esperanza. La palabra que Pablo usó aquí habla de confianza segura en lugar de expectación incierta.

Sed sufridos en la tribulación (v. 12). Este mundo ofrecerá su cuota de dificultades, pero el creyente debe estar firme en tiempos de tribulación.

Sed constantes en la oración (v. 12). La mayoría de los cristianos confiesan la dificultad para mantener una vida de oración regular y efectiva. La dificultad no es difícil de comprender. Si Satanás puede mantenernos fuera del contacto con Dios, sabe que no causaremos ningún problema a su reino del mal.

Compartid con los creyentes necesitados (v. 13). El nivel de pobreza y necesidad de ayuda eran relativamente altos en la iglesia primitiva. Era crucial para los creyentes que tenían mucho compartir su abundancia con los necesitados.

Practicad la hospitalidad (v. 13). En un tiempo en que las posadas eran escasas y no siempre deseables, era crítico para los creyentes ofrecer su hospitalidad a los cristianos (y otros) que iban de viaje.

Cuando seamos ofendidos por otros (vv. 14, 17–21)

Pablo hizo varias exhortaciones para responder a quienes nos han ofendido.

"Bendecid a los que os persiguen; bendecid, y no maldigáis" (v. 14). Pablo exhortó a los lectores a invocar la bendición de Dios a favor de quienes

los perseguían. Esto manifestaba la misma actitud que tenía Jesús en su Sermón del monte.

"No paguéis a nadie mal por mal" (v. 17). No hemos de devolver mal por mal. Esto refleja el interés por las impresiones que los cristianos hacen en los no creyentes (ver 1 Ts. 4:12; 1 Co. 6:1; 2 Co. 8:20, 21).

"Estad en paz con todos los hombres" (v. 18). En tanto sea posible, estamos llamados a vivir en paz con todos. Jesús pronunció una bendición sobre los pacificadores (ver Mt. 5:9). El autor de Hebreos escribió, "seguid la paz con todos" (He. 12:14).

No os venguéis vosotros mismos (vv. 19, 20). No debemos vengarnos por nosotros mismos. En lugar de eso hemos de hacer el bien a nuestros enemigos. Al hacer esto, "ascuas de fuego amontonarás sobre su cabeza".

"Ascuas de fuego amontonarás"

"La idea de amontonar ascuas sobre la cabeza de un enemigo ha llevado a diferentes interpretaciones. Algunos han propuesto el remoto ritual egipcio en que un penitente mostraba su arrepentimiento llevando sobre su cabeza un plato con ascuas encendidas sobre una base de cenizas (Manson). Esto puede estar en el fondo de Proverbios 24:21, 22, pero es más probable que Pablo esté abogando en contra de las represalias a la luz de la retribución futura de Dios."

Dale Moody

■ *El arma más poderosa del creyente contra el*
■ *mal es el bien. Responder al mal con el mal*
■ *no es vencerlo sino aumentarlo. Los cre-*
■ *yentes son llamados a vivir victoriosamente*
■ *en un mundo hostil siguiendo el ejemplo de*
■ *Jesús. Dios se vengará de los malvados y re-*
■ *compensará a los justos.*

PREGUNTAS PARA GUIAR SU ESTUDIO

1. Describa el tipo de sacrificio que Pablo pedía que hicieran sus lectores. ¿Qué características lo describen? ¿Qué acciones incluye el verdadero sacrificio por parte de los creyentes?

2. Contraste las presiones del mundo sobre el creyente para conformarlo, con la

transformación interna del creyente. ¿Cómo ha cambiado el amor de Dios la actitud de usted hacia la vida y hacia otras personas?

3. El don que recibe cada creyente es el resultado del derramamiento por gracia de la bendición de Dios sobre la iglesia. ¿Cuál es su don?

4. ¿Qué exhortaciones hizo Pablo respecto a las relaciones personales? ¿Cuáles son algunas formas en que éstas pueden aplicarse?

ROMANOS 13

En este capítulo Pablo trata del papel del gobierno sancionado divinamente, y la responsabilidad del creyente para con los que están en el poder. Los cristianos, como cualquier otro, deben someterse a las autoridades gobernantes. La sumisión a Dios no suprime nuestra responsabilidad con las autoridades seculares.

DEBERES CON EL ESTADO (13:1–7)

En los versículos 1–7 Pablo da instrucciones a sus lectores respecto a las autoridades gobernantes.

"Dad a César lo que es de César, y a Dios lo que es de Dios" (Mr. 12:17).

Los cristianos deben someterse a las autoridades (vv. 1, 2)

La autoridad del Estado está basada en la voluntad de Dios (v. 1). Resistirse a los gobernantes es resistirse a lo que Dios ha nombrado e incurrir en condenación (v. 2). Es importante recordar que el gobierno es la forma de Dios de mantener el bien público y dirigir los asuntos de Estado.

Los cristianos deben reconocer la función de las autoridades (vv. 3–5)

Los gobernantes mantienen el orden en la sociedad recompensando la buena conducta y castigando la mala (v. 3). Al llevar la espada (el poder de vida y muerte) los gobernantes son siervos de Dios que ejecutan la ira divina sobre los que hacen lo malo (v. 4). Debemos someternos a su autoridad por miedo al castigo tanto como por las demandas de la conciencia (v. 5). Aquí tenemos la base bíblica del uso de la fuerza por el gobierno para el mantenimiento de la ley y el orden.

Los cristianos deben apoyar a la autoridades (vv. 6, 7)

Los cristianos están obligados a pagar impuestos para sostener a las autoridades del gobierno. También deben respetar y honrar a las autoridades gobernantes (v. 7). Pablo no matiza sus declaraciones y esto turba a muchos lectores modernos. Por ejemplo, él no trata de los límites de la obediencia cristiana, la posibilidad de la justificación moral de la revolución, ni de los deberes de los gobernantes hacia sus súbditos.

■ *Los beneficios sociales que vienen de un Estado administrado adecuadamente ponen al cristiano bajo la obligación de vivir según las reglas aceptadas. Bajo toda ley y orden secular está la autoridad de Dios delegada en aquellos que gobiernan.*

LA PRIMACIA DEL AMOR (13:8–10)

El párrafo anterior trataba de la autoridad dada por Dios al Estado, sujeción a los gobernantes, pago de impuestos y respeto a quienes están en la tarea pública. Estos tres versículos describen

"Sujeción"

La palabra *sujeción* en el texto griego del Nuevo Testamento está en realidad compuesta de dos "bajo" y "arreglar". Significa "poner en sujeción" En Ro. 13:1 la palabra significa "estar en sujeción" a las autoridades.

"Esta palabra aparece treinta y ocho veces en el Nuevo Testamento, la mayoría de ellas con el significado de 'subordinarse uno mismo'. Se usa como sumisión a las autoridades políticas (Tit. 3:1); esposas a esposos (Col. 3:18), el pensamiento predominante no es la obediencia sino la conducta que fluye de forma natural del reconocimiento de que la otra persona, como representante de Cristo, tiene una autoridad superior sobre uno que la que uno tiene sobre sí mismo.

Citado en Robert H. Mounce, *Romans* [Romanos], NAC, 243, n. 62.

la obligación del cristiano para con todas las personas: la obligación de amar (v. 8). Todos los mandamientos se resumen en una sentencia: "Amarás a tu prójimo como a ti mismo." La necesidad de amar es de importancia suprema en vista de la era crítica en que vivimos. Esta obligación de amar no tiene límite. Puesto que amar no perjudica al prójimo, es el cumplimiento de la ley (v. 10).

EL FIN DE LA ERA (13:11–14)

Aquí Pablo escribió desde la perspectiva del período final de la era presente.

Dios usó estos versículos en la conversión del joven Agustín en un jardín de Milán. Oyó a unos niños que jugaban y decían repetidamente: "Toma y lee; toma y lee." Agustín respondió abriendo la Biblia en este pasaje (Ro. 13:11–14). Al leer estas palabras, Agustín dijo: "No tuve deseos de leer más y no necesitaba hacerlo. Por un instante, cuando llegué al final de la oración, fue como si una luz de confianza inundara mi corazón y todas las tinieblas de duda se despejaran."

Confesiones, Libro 8, XII.

El mundo vive como si la historia humana estuviera destinada a durar siempre. El cristiano sabe que Dios tiene el control de las personas y las naciones y está llevando la historia hacia un final predeterminado. Dado que el final está cerca, hemos de despertarnos del sueño. Cada día nos lleva más cerca de ese día final cuando todo lo que hemos anticipado en Cristo se hará realidad.

Porque la noche está terminando y el día a punto de amanecer es vital que los creyentes se desprendan de las obras de las tinieblas (ver Ef. 5:11). Es hora de vestirnos las armas de la luz. Nuestra conducta debe ser decente y honorable.

■ *La conducta cristiana está relacionada vital-*
■ *mente con la esperanza de la segunda venida*
■ *de Cristo y la transformación última del*
■ *creyente.*

PREGUNTAS PARA GUIAR SU ESTUDIO

1. ¿Cuál era el punto de vista de Pablo sobre las autoridades civiles?

2. ¿Qué enseñó Pablo sobre el papel del creyente al sujetarse a las autoridades gobernantes?

3. ¿Por qué enfatizó Pablo la primacía del amor en Romanos 13:8, 9?

4. ¿Qué verdad movió la exhortación de Pablo al creyente a comportarse "honestamente"?

ROMANOS 14

PAUTAS PARA LOS PROBLEMAS QUE ENFRENTABA LA IGLESIA (RO. 14:1–15:13)

EL PROBLEMA (14:2, 5, 21)

En este pasaje Pablo habló de dos grupos de creyentes, a los que designó como los "débiles" y los "fuertes". Mencionó tres áreas en las que los dos grupos tenían una fuerte diferencia de opinión: (1) El comer carne (v. 2); (2) la observancia de días especiales (v. 5); y (3) el beber vino (v. 21).

Es interesante observar cómo enfocó la solución al problema de Roma. Las cartas de Pablo no tenían el propósito de ser tratados abstractos sobre materias éticas y teológicas. Más bien, eran notas pastorales dirigidas a la situación de la vida real de las iglesias del primer siglo. Ofreció pautas cristianas diseñadas para conseguir la unidad en una atmósfera de diferencias. Para ayudar a los creyentes de Roma a tratar su problema, estableció tres principios que trata en Ro. 14:1–15:13.

PRINCIPIO 1: JUZGAR ES EL DERECHO DE DIOS, NO DEL HOMBRE (14:1–12)

Dios ha recibido tanto a los "débiles" como a los "fuertes". Por gracia ambos son sus siervos. Como siervos, ninguno tiene derecho de juzgar al otro. Ese derecho pertenece sólo a Dios (v. 4). Cada uno debía actuar a la luz de sus propias convicciones teniendo en cuenta los escrúpulos religiosos en cuestión. Tanto el que cumplía como el que no cumplía las leyes sobre los alimentos y los días especiales pueden tener un deseo igual de honrar al Señor (v. 6).

"Ninguno de nosotros vive para sí" (v. 7) se ha interpretado frecuentemente en el sentido de la afirmación de Donne: "Ningún hombre es una isla." La declaración de Pablo, sin embargo, no era una observación sociológica en relación con la unicidad del género humano. Lo que él dice es que todos los creyentes viven sus vidas y son responsables ante Dios. Las decisiones sobre asuntos tales como días especiales y comer carne no son tomadas en aislamiento, sino de acuerdo con la voluntad de Dios entendida por el individuo.

Pero los "débiles" (cristianos inmaduros) deben dejar de juzgar a sus hermanos que no comparten sus convicciones en tales puntos. Y los "fuertes" deben dejar de menospreciar a su hermano que se adhiere a ellas (v. 10). Ambos grupos necesitan darse cuenta de que comparecerán ante el trono del juicio de Dios para rendirle cuentas de sí mismos (vv. 10–12; ver 2 Co. 5:10).

Pablo caracterizó a los "débiles" por su persistente legalismo. Tendían a ser severos en sus críticas de aquellos en la iglesia que no compartían sus opiniones. Los "fuertes" estaban

"Débil en la fe"

Pablo usó aquí el término *débil* en un sentido figurado. En Roma había judíos cristianos que eran reacios a abandonar ciertos aspectos ceremoniales de su herencia religiosa. Por lo tanto, mantenían una obediencia literal a la parte ceremonial de la ley del Antiguo Testamento. Eran "débiles" en el sentido de que estaban dudosos de cómo la fe en Cristo afectaba a la condición de las reglamentaciones del Antiguo Testamento.

convencidos de que Jesucristo había puesto fin a todo legalismo religioso. Se gozaban en su libertad en Cristo. Pero los "fuertes" podían haber estado tentados a menospreciar a sus hermanos menos maduros. Unos *despreciaban*; los otros se *jactaban*, ¡ambos estaban equivocados!

- *Los creyentes de Roma tenían desacuerdos*
- *sobre comer carne, la observancia de días es-*
- *peciales y beber vino. Pablo enseñó que las*
- *relaciones armoniosas son importantes. Los*
- *creyentes deben vivir sin juzgar a otros.*

PRINCIPIO 2: EL AMOR REQUIERE AUTOLIMITARNOS POR CONSIDERACION A OTROS (14:13–22)

Aquí Pablo dirige su consejo primariamente a los maduros. Ellos eran capaces de soportar mayores responsabilidades para cerrar la brecha abierta en el compañerismo. Así pues, les exhortó a no poner nunca piedras de tropiezo ni ocasiones de pecar en el camino de un hermano más débil en Cristo.

Los viejos tabúes de ciertas comidas ceremoniales ya no estaban en vigor. Jesús enseñó que no es lo que entra en la boca lo que hace a una persona impura, sino lo que sale de la boca (Mt. 15:10, 11, 16–20). No obstante, Pablo estaba preocupado por el efecto de esta nueva libertad en los cristianos que pensaban que estas regulaciones del judaísmo no estaban obsoletas. Aunque ninguna comida era impura en sí misma, si alguien la consideraba impura, para esa persona lo era.

Si los maduros pasaban por alto la influencia de su conducta sobre los inmaduros, Pablo declaró

Dios nos ha llamado a una vida de fe. Confianza es la voluntad de poner toda nuestra vida ante Dios para su aprobación. Cualquier duda sobre la rectitud de una acción la aparta de la categoría de lo aceptable. Este principio es de especial ayuda para el cristiano que está en el "área gris." Si es gris para usted, es malo, no en sí mismo sino a los ojos de quien lo considera inapropiado.

que ellos ya no andaban en amor (v. 15). El amor renuncia voluntariamente a todas las libertades que puedan hacer tropezar a un hermano o hermana.

El reino de Dios no es comida ni bebida "sino justicia, paz y gozo en el Espíritu Santo" (v. 17). Hemos, pues, de esforzarnos en seguir "lo que contribuye a la paz y a la mutua edificación" (v. 19). La paz de que se habla aquí es la paz en el seno de la familia de creyentes (Sal. 34:15).

■ *Los creyentes no deben influenciar en otros*
■ *para que violen sus conciencias. Los ma-*
■ *duros no deben estorbar a los débiles con su*
■ *libertad. Los débiles deben evitar restringir a*
■ *aquellos que han descubierto la libertad cris-*
■ *tiana auténtica. El amor y respeto mutuos*
■ *son las señales de los verdaderos discípulos.*

PREGUNTAS PARA DIRIGIR SU ESTUDIO

1. Pablo enseñó que el juzgar sólo le pertenece a Dios. Entonces, ¿cuál debería ser nuestra actitud hacia otros creyentes que tienen diferentes convicciones?

2. "Ninguno de nosotros vive para sí" (v. 7). ¿Cómo aplicamos este principio a nuestras congregaciones y compañerismo? ¿Cómo al cuerpo más amplio de Cristo?

3. ¿Cuál es la obligación del creyente más fuerte hacia el creyente más débil? ¿Cuál es la obligación del creyente más débil hacia el creyente más fuerte?

4. Todos debemos seguir "lo que contribuye a la paz y a la mutua edificación". Cuando surgen las diferencias, ¿qué pasos po-

demos dar para asegurar resultados pacíficos y edificantes en el cuerpo de Cristo?

ROMANOS 15

El Salmo 69:9 refleja la vida carente de egoísmo de Cristo: "Los denuestos de los que te vituperaban cayeron sobre mí." Según Pablo aplicó este versículo, Cristo viene a ser el que habla.

Los primeros trece versículos del capítulo 15 continúan la exposición de Pablo del capítulo 14. Al tratar con el problema de los creyentes de Roma, Romanos 15:1–13 concluye el mensaje de Pablo a los cristianos de Roma. Redondeando el capítulo 15 tenemos una exposición de los planes de viajes futuros de Pablo, y en el capítulo 16 la conclusión de su carta.

PRINCIPIO 3: SEGUID EL EJEMPLO DE PACIENCIA DE CRISTO (15:1–13)

Cristo ejemplo de negación de sí mismo (vv. 1–3)

El interés de Pablo en que cristianos débiles y fuertes vivan en armonía sigue en el capítulo 15. El se une a los "fuertes" en su llamamiento a "soportar las flaquezas de los débiles". En lugar de complacerse a sí mismos, los creyentes fuertes deben complacer a su prójimo. Al buscar el bien de nuestro prójimo en lugar de complacernos a nosotros mismos, seguimos el ejemplo de paciencia de Cristo. La meta es ayudarles a llegar a ser cristianos más maduros.

Jesucristo es, desde luego, el gran ejemplo de negación de sí mismo por amor de otros. Si Cristo, el Hijo de Dios, no organizó su vida para complacerse a sí mismo, cuánto más debemos nosotros renunciar a todas las ventajas personales y seguir la senda del Siervo Sufriente.

La relevancia de las Escrituras (v. 4)

El versículo 4 contiene un principio de gran significación para el creyente. Todo lo que fue escrito en la Biblia en tiempos pasados fue escrito para nosotros (ver 1 Co. 10:11; Ro. 4:23, 24). No sólo sirvió a las necesidades de su propio tiempo, sino que todavía es relevante para el mundo moderno. La Escritura es relevante porque sirve a nuestras necesidades más profundas.

Es por la paciencia enseñada en las Escrituras y por el ánimo que proporciona que podemos vivir en esperanza. Las dificultades de hoy son soportables porque Dios nos dice en su Palabra que está por venir un tiempo mejor. El nos da su consuelo y estímulo hablando por su Palabra a los corazones de los creyentes. Separarnos de la Biblia es hacer oídos sordos a la voz de un Padre celestial deseoso de consolar.

Primera bendición (vv. 5, 6)

El deseo de Pablo era que Dios concediera a los creyentes en Roma un espíritu de unidad. En las bendiciones de los versículos 5 y 6, Pablo oraba para que sus lectores vivieran en armonía unos con otros y en tal acuerdo con Cristo que fueran capaces de glorificar a Dios a una voz.

La perspectiva de Pablo era la de Jesucristo, nuestro modelo de conducta cristiana. Hemos de pensar como él lo hace y aceptar sus valores y prioridades. Cuando los miembros de la iglesia se acercan más a Cristo, se acercan más a otros miembros del cuerpo. La experiencia de la unidad cristiana produce una sinfonía de alabanza a Dios en la que cada voz se mezcla con todas las demás para la gloria de Dios.

Aceptación mutua (v. 7)

Tanto el débil como el fuerte se han de aceptar uno a otro. La palabra *aceptar* (recibir) tiene la

idea de una aceptación auténtica y de corazón.
Eso es lo que significa seguir a Cristo.

Segunda bendición (vv. 8–13)

Esta segunda bendición lleva el cuerpo principal
de la carta de Pablo a su conclusión.

Cristo se hizo siervo de los judíos para demostrar la veracidad de Dios (v. 8). El confirmó las promesas hechas a los patriarcas cumpliéndolas. Ahora los gentiles pueden glorificar a Dios por la misericordia que ha mostrado en ellos.

El plan redentor de Dios era que por medio de su Hijo, nacido judío en cuanto a su naturaleza humana, pudiera alcanzar con su amor reconciliador a los de todas las naciones. En apoyo de la visión universal de la obra redentora de Dios por Cristo su Hijo, Pablo citó cuatro pasajes del Antiguo Testamento.

Apoyo del Antiguo Testamento para la obra redentora de Dios por medio de su Hijo

PASAJE	EXPLICACION
1. 2 Samuel 22.50 y Sal. 18:49.	David hace voto de alabar a Dios entre los gentiles. Israel había de ser el instrumento por el que la obra redentora de Dios se extendiera a los gentiles.
2. Dt. 32:43.	Del gran himno de Moisés celebrando la victoria de Dios sobre Faraón: "Alegraos gentiles, con su pueblo."
3. Sal. 117:1.	La salvación de los gentiles estaba en la mente de Dios desde el principio.
4. Is. 11.	El Mesías vendrá como un vástago que brota del tronco de la familia de la línea de David. Gobernará las naciones, y "Los gentiles esperarán en él."

■ *Los creyentes deben seguir el ejemplo de ne-*
■ *gación de sí mismo de Cristo. Tal conducta*
■ *dará por resultado unidad y aceptación mu-*
■ *tua. La aceptación de Cristo tanto de cre-*
■ *yentes judíos como de gentiles, llevada a*
■ *cabo en la visión universal de su obra reden-*
■ *tora, debe ser la medida para su aceptación*
■ *de unos por otros.*

PLANES DE VIAJE DE PABLO (15:14–33)

La meta del ministerio de Pablo (vv. 14–21)

Al llevar su carta a la conclusión, Pablo expresó su confianza en el carácter y la competencia de sus lectores. Admitió su atrevimiento por la forma en que había escrito para hacerles "recordar" (v. 15). Pero como ministro de Cristo a los gentiles estaba deseoso de que la ofrenda de los gentiles como sacrificio a Dios fuera aceptable.

Al tratar de conseguir la obediencia de los gentiles, Pablo había predicado el evangelio desde Jerusalén hasta Ilírico, una provincia que bordeaba el mar Adriático. Su anhelo era predicar el evangelio en regiones nuevas que nunca lo habían oído.

Planes para visitar Roma (vv. 22–29)

Al principio de su carta Pablo mencionó sus planes frecuentemente pospuestos de visitar Roma (1:10–15). Ahora al final los repite. Sólo aquí revela un plan adicional no mencionado antes: la evangelización de España. Sintiendo que su obra en el este había llegado a su fin, quería hacer una breve visita a Roma y después seguir hasta España (Ro. 15:22–25). Evidentemente había escrito esta carta para conseguir el apoyo de la iglesia de Roma para su misión al oeste.

Por el presente, sin embargo, su visita a Roma y más allá había de ser postergada. Primero, debía acompañar a los delegados de las iglesias gentiles a Jerusalén con la ofrenda de ayuda (vv. 25–28); ver también Hch. 20:3–6; 24:17). Tan pronto fuera cumplida esta misión, Pablo visitaría Roma durante su ruta a España.

Peticiones de oración (vv. 30–33)

Interesado por el viaje a Jerusalén, Pablo pidió a sus lectores que oraran: (1) Para ser librado de los incrédulos de Judea (v. 31); (2) para que su ministerio a favor de los creyentes pobres de Jerusalén fuera aceptado por ellos (v. 31); y (3) para que Dios le permitiera su prevista visita a Roma (v. 32).

Un estudio de Hechos 21:15–28:31 proporciona datos con respecto a la respuesta de Dios a estas peticiones de oración.

- Esta sección última contiene los planes de
- viaje de Pablo y su papel como ministro de
- los gentiles. Quería ir a Roma a fin de extender la misión cristiana hacia el oeste a España. Pidió oraciones de la iglesia para su próxima misión a Jerusalén.

PREGUNTAS PARA GUIAR SU ESTUDIO

1. Tomando las palabras de Pablo aquí y en los relatos del evangelio, ¿en qué formas demostró Jesús su autonegación? Al seguir su ejemplo, ¿qué principios podrían extraerse?

2. ¿En qué es la Biblia relevante para los creyentes de hoy? ¿Qué enseña 1 Co. 10:11?

3. ¿Cuáles eran los planes de viaje de Pablo para extender el evangelio? ¿Cuál era la fuerza que le impulsaba?

4. ¿Qué apoyo proporciona el Antiguo Testamento en cuanto a la visión universal del plan redentor de Dios? ¿Por qué suponía este plan tales "nuevas" para los líderes judíos del tiempo de Pablo?

Este capítulo, compuesto de cinco partes separadas, contiene las palabras finales de Pablo a los creyentes de Roma. Primero, el apóstol recomendó a Febe a la iglesia de Roma. A esto sigue con una larga lista de saludos a sus amigos y colaboradores que vivían en la capital, advertencias contra los falsos maestros, una sección de saludos de los compañeros de Pablo, y una doxología final.

RECOMENDACION DE FEBE (16:1, 2)

Las cartas de recomendación eran bien conocidas en el mundo antiguo. Febe, una diaconisa de la iglesia de Cencreas, puede muy bien haber sido la portadora de esta carta a Roma (v. 1). Ella había sido una fiel ayudadora de muchos en la obra del evangelio. Pablo quería que los cristianos de Roma la recibieran y la ayudaran en cualquier forma que ella necesitara (v. 2).

SALUDOS PERSONALES (16:3–16, 21–23)

Pablo mencionó veintiséis personas en los versículos 3–16. En ningún otro lugar de los escritos de Pablo encontramos una lista tan larga de saludos personales. Además, Pablo reveló un conocimiento íntimo de sus relaciones familiares y servicio cristiano.

Algunos han argumentado que Pablo no podía haber conocido a tantos en una iglesia que nunca había visitado. Sin embargo, los muchos que se nombran aquí pueden haber sido amigos de Pablo y convertidos en otros lugares que se habían trasladado a Roma. Puesto que él no había estado nunca en Roma, estaría deseoso de saludar a quienes conocía.

Cartas de recomendación

La carta de recomendación era la forma más común de carta de mediación en la correspondencia secular.

Recomendaciones de las personas siguientes están incluidas en varias cartas de Pablo: Febe (Ro. 16:1); Timoteo (1 Co. 4:17; 16:10, 11; Fil. 2:19–24); y Epafrodito (Fil. 2:25–30).

En los versículos 21–23, Pablo envió saludos de sus compañeros a los creyentes de Roma. Los mencionados estaban con Pablo cuando estaba escribiendo la carta, probablemente en Corinto. Uno de sus compañeros, Timoteo, ocupó un lugar especial en el corazón y ministerio de Pablo.

- *Pablo cerró esta carta de forma típica con saludos y recomendaciones de varias personas.*
- *Se incluía una recomendación de Febe, una*
- *diaconisa de la iglesia de Cencreas, que*
- *puede haber sido la portadora de su carta a*
- *los creyentes de Roma.*

ADVERTENCIAS CONTRA QUIENES CREAN DISENSIONES (16:17–20)

Ente las siete cosas que aborrece el Señor, el escritor de Proverbios anota en la posición más enfática: "el que siembra discordia entre hermanos" (Pr. 6:16, 19).

Es imposible identificar a estos creadores de disensiones con cualquier grupo en particular. Han sido identificados varios de estos grupos, entre ellos los judaizantes y los falsos maestros. Se oponían a las doctrinas que habían sido enseñadas a los creyentes de Roma. Eran servidores de sí mismos y de hablar suave (v. 18).

Aquellos que causan divisiónes no están sirviendo al Señor sino que son "esclavos de sus propios bajos deseos" (Moffat, v. 18).

Esta clase de personas debían ser señaladas y evitadas por la iglesia. Y los creyentes avisados podían estar seguros de que el Dios de paz aplastaría a Satanás bajo los pies de ellos (v. 20; ver Gn. 3:15). Esto tendría lugar al fin de esta era, lo que Pablo esperaba que sucediera pronto. El versículo 20 es una bendición.

■ *En todos los grupos parece haber quienes in-*
■ *tentan causar dificultades. Los falsos maes-*
■ *tros se identifican por sus enseñanzas. La*
■ *iglesia debe aceptar o rechazar lo que pre-*
■ *tende ser verdad según esté o no de acuerdo*
■ *con la verdad revelada. La Palabra de Dios*
■ *permanece como el único absoluto.*

DOXOLOGIA (16:25–27)

Pablo concluyó su carta con una doxología magnífica. En el texto original griego estos versículos son una oración compuesta larga, de lectura diferente a la acostumbrada doxología paulina. En ella encontramos muchos de los temas principales de la carta a los Romanos:

- Dios es el único capaz de establecer y fortalecer al creyente.
- El evangelio no es enseñado por los hombres sino que fue recibido por revelación directa de Jesucristo.
- El evangelio se centra en la vida, muerte y resurrección de Jesucristo.
- El evangelio es universal en su propósito.

En la era que viene los cánticos de los redimidos resonarán por toda la corte celestial. La redención será completa. El propósito eterno de Dios alcanzará su cumplimiento. Dios será alabado por siempre.

■ *El objetivo de predicar el evangelio es hacerlo*
■ *"a todas las gentes para que obedezcan a la*
■ *fe". Por lo tanto, "al único y sabio Dios, sea la*
■ *gloria mediante Jesucristo para siempre".*

PREGUNTAS PARA GUIAR SU ESTUDIO

1. ¿Quién era Febe? ¿Qué dice su posición e importancia para la misión de Pablo sobre el papel de las mujeres en la iglesia primitiva?

2. Pablo no había estado nunca en Roma, ¿cómo conocía a tantos creyentes de la iglesia de Roma?

3. Pablo advirtió contra los falsos maestros, ¿cuál es nuestra base para someter a examen la falsa enseñanza en la iglesia?

4. La doxología de Pablo describía varias características de Dios, ¿cuáles son?

NOTAS PASTORALES

NOTAS PASTORALES

NOTAS
PASTORALES

NOTAS PASTORALES

_____

_____

_____

_____

_____

_____

_____

_____

_____

_____

_____

_____

_____

_____

_____

_____

_____

_____

_____

_____

_____

_____

_____

_____